ストリート
ワークアウト

STREET WORKOUT

by AL & DANNY KAVADLO

山田雅久・訳

CCCメディアハウス

FOREWORD
序 文

　人生は謎めいている。小さな行為が燎原の火のように広がっていく。かすかな願いの光が、世界を照らし出す白熱の情熱に変わる。瞬間的な思考が、荒れ狂うアイデアの奔流をつくり出す。偶然の出会いが、深い絆につながっていく。創造する力が、美と洞察の未知のパターンとして発火する。お互いを理解しようとする交わりが、解けないつながりとして編み込まれていく。

　今、なぜこれをやっているのか、どこから来て、どこへ向かおうとしているのか……

　そういった不思議さを感じながら、私は、**アルとダニーのカバドロ兄弟**との間で友情を育んできた……

　私の意識の中にそっとカバドロ兄弟を押し込んできたのは**ポール・ウェイド**だった。その結果、*Convict Conditioning 2*（『プリズナートレーニング　超絶!! グリップ＆関節編』原書）に登場した、手足が長く、大胆で、タトゥーだらけで、筋肉質の悪党風情の二人組。かつてアル・カポネとバードマンがうろついたアルカトラズ島のレクリエーション用の裏庭に彼らが立てたヒューマンフラッグは、新しいバンドの登場を告げていた……

　しばらくして、アルの文章を読んで出版を検討したらどうだというポール・ウェイドのちょっとしたもう一押しがあった。そこで、私はアルが何者かを調べることにした……

そこで発見したのは、アルだけではなかった。そこには、見たことがない世界があった……

アルは、自分の体をメディアにしようとしているアーティストだった。まるで制作途中のアートワークのように、"美しい動作"を意味するキャリステニクスを使って、自分の体を毎日つくり直していた。アートワークには、それを最高の状態で見せる舞台装置が必要になる――その装置が、アートがもつ世界を拡張する。アルが選んだのは、グリッティグラフィティ、足場、古いレンガなどがあるニューヨークのストリートだった。アルのお気に入りのトレーニングスポット？ それは、トイレのドアを剥ぎ取って、地元のジャンキーが入れないようにした――トンプキンススクエアパークだ……

アルは、いつも禅僧のように微笑んでいる。ワンアーム・プルアップとかフロントレバーなど、地球上でもっともタフな動作をやるときも同じだ。しかし、その禅的な笑顔の下で、断固とした意志、火を吹くような衝動、そして、正しく体を動かそうとする狂信的な責任感が爆発しそうになっている。ほとんどすべての優れたパフォーマー同様、アルも錆びないために燃え続けているのだ……

アルによって導かれた見たことがなかった世界とは？ それは"ストリートワークアウト"と呼ばれる文化、そして世界的なネットワークだった。アルの目下の舞台がニューヨークだとしたら、彼のグローバルコンテキストは、ストリートとワークアウトという2つの単語によって定義できる。アルとアルの兄であるダニーは、このストリートワークアウトがもつエートスを極限まで煮詰めている。彼らの本 *STREET WORKOUT*（本書）は、この運動に対する賛歌であり、この運動のバイブルになるのは間違いがないところだ……

身体開発におけるベスト・オブ・ベストを読者と共有する。その一点

に情熱を傾けている私は、いつも「完璧なユニット」を持ち合わせた著者と仕事をしたいと願っている。「完璧なユニット」を持つ著者は、たくさんの属性を兼ね備えていなければならない。彼らは革新と洞察をテーブルの上に載せる。創造的で、徹底的で、好奇心にあふれている。言動を一致させ、決めたことを体現する。彼らは生来の導き手であり、妥協することなく自分を知らしめていく方法を知っている。書き方が独特で、明瞭で、際立つ声が火花を散らしている。熱狂的な支持者を従えている。彼らは自分が何者かを知り抜いているが、新しいアイデアや意見にも素直に耳を傾ける。彼らは、自分たちの技術と自己錬磨に情熱を注いでいる。そして、彼らと一緒に仕事をすることは、この上なく楽しい。

　そんな著者を見つけるのは難しくないかって？　もちろん！　無理な要求じゃないかって？　かなり。そういった「完璧なユニット」と知り合えるかって？　私はそれをやってきた……そしてアル・カバドロもその中の一人だ……

　ポール・ウェイドからのヒントを受け取り、ドラゴンドアの作家としてアルを迎えたことは私に幸運をもたらした。大きな炎につながった小さな行為についての話をしよう——私はアルと、*Raising the Bar*、*Pushing the Limits!*、*Stretching Your Boundaries*、さらに *Zen Mind, Strong Body* といったタイトルをシリーズにして出版し続けてきた——その流れが、アルとダニーによる、この記念碑的な *STREET WORKOUT* という炎をつくり出すことになったのだ……

　ポール・ウェイドと私が Progressive Calisthenics Certification（PCC）プログラムを担うリーダーを探していたとき、アル……そしてアルが推薦したダニーを選んだのはごく自然な流れだった。

　アルとダニーは、すぐに、PCCというボールを公園の外へと叩き出した。2013年6月の開始以来、PCCは他に類を見ないキャリステニク

ストレーニング界のゴールドスタンダードになっている。そして、これからも、世界最高の自重力トレーニングを受けたい人が目指す場所であり続けるだろう。アルとダニーの深い情熱、謙虚さ、思いやり、優雅さ、優しさ、知識、スキルが、膨大な数のトレーニーに刺激を与え、キャリステニクスを使った身体開発がもたらす奇跡についての噂を広めている。目の前で大きな何かが起こっている……

　本書『ストリートワークアウト』には、アルとダニーによるワークショップの鼓動と教えが息づいている。さらに、イタリア、ドイツ、スウェーデン、アイルランド、イギリス、オーストラリア、中国、オランダ、アメリカなど、彼らが教えてきた国で撮影されたすばらしい写真を見ることができるマニュアルになっている。

　ダニー・カバドロと親友になれたのも、私の人生に訪れた大きな幸運の一つになった。アルと同じように、ダニーもまた、「完璧なユニット」であり、ドラゴンドアコミュニティの中で、日々、存在感を増している。カバドロ兄が、兄弟揃って、私が求める「完璧なユニット」に応えてくれたのは驚くべきことだ。

　ダニーの威嚇するようなひと睨み、逆立つような筋肉、積み重ねられてきた強さ、パンクロイドな姿勢からくるイメージは、仲間や人々に対するダニーの深い愛によって裏切られる。ダニーが微笑むと、部屋に灯りがともる。ダニーが刻むリズムが部屋の中に浸透し、彼の情熱の炎が生徒たちに点火されていく。それを見るのは至福のひと時だ。とてもいい……

　そして、なんというコーチだろう！　ダニーは、生徒たちの達成を、伝達力がある熱狂的な吠え声で祝う。その興奮と幸福が部屋中に鳴り響く。ダニーは、注意深い観察と的確な指示を用いてトレーニーたちから偉大さを絞り出す。ダニーと交わった誰もが強くなっていく……

ダニーはキャリステニクスのマスターだが、人生を祝福しながら生きることも忘れない。ある時、ダニーが「最悪の状況になったら、コップの中が1/10になったように見えるだろうね」とジョークを飛ばしたことがある。しかし、彼のコップの中は、いつも「9/10以上」満たされているように見えるのだ……

　実際、彼は、多彩な顔を持つアーティストであり、クリエーターであり、変革の扇動者であり、博学の紳士でもある。ドラゴンドアで出した3冊、*Everybody Needs Training*、*Diamond-Cut Abs*、*Strength Rules*には、ダニーの独特でまばゆい創造性がきらめいている。ダニーは、詐欺や偽物に満ちたフィットネス業界で、本質の中のそのまた核心を突き進む方法を知っている。サプリメントやパッケージ食品が謳う欺瞞に、説得力があるだけでなく、おもしろいやり方で噛み付いていく。彼はあなたがワークアウトで何をやるべきか、そして、永続的な結果を生み出し続けるにはどうすべきかを、確実に知っている。

　「物事をきちんと実行する」意味について話すと、ダニーは、キャリステニクスを使った肉体開発で、どこまで行けるかを証明する大股で歩くビルボード（看板）になっている。見事な見本であるとはいえ、それを「苦労して獲得した」こともにじみ出ている。体を鍛え始めた頃に陥ったトレーニングとダイエットについての失敗を正直に話すダニー自身の体が、彼がついにトレーニングとは何かを見つけ、それを実行した最高の証拠になっている！

　長い時間をかけて制作した『ストリートワークアウト』は、カバドロ兄弟による最初の共著になった。PCCワークショップでの二人は、培ったものを背景にロックスターのように振舞うが、本はまったくの別世界だ。兄弟のそれぞれに、際立つ別個のパーソナリティ、ライティングスタイル、表現方法がある。二つの優れた芸術的才能を一つのまとまりのあるテキストに統合することは、離れ技とも言えるものになる。

まあ、カバドロ兄弟がそれをやってのけたことを報告するために私は
これを書いているのだが……

『ストリートワークアウト』は、一つのジャンルを定義する画期的なタ
イトルになるだろう。磁石のように、ハードコアファンも初心者も引き
つけられる、必携の資料になるはずだ。カバドロ兄弟がそれを持ってき
た——そしてそこにはとどまっていない。世界各地でのPCCを通じて
の指導、本を出してきた経験、ブログや記事を通じての有識者との交わ
り、新しい視点の絶え間ない吸収によって、二人のゲームは今後めまい
がするほどの高みに昇っていくだろう。

　アルとダニーは聞く耳を持っている。彼らと私は、同程度に与え合い、
教え合ってきた。『ストリートワークアウト』は、それが原動力になっ
て産み落とされた果実だ。

　プッシュ、プル、スクワット、フレックス、ブリッジから成る基本的
なプログレッションに関するパート……フロアホールド、バームーブ、
ヒューマンフラッグを達成するために必要なスキルと「トリック」のパ
ート……アセスメント、ワークアウトサンプル、トレーニングテンプレ
ートをカバーするプログラミングのパート……そのすべてに、カバドロ
兄弟が持つ、明瞭さ、正確さ、知性、創造性、ユーモア、活気が表現さ
れている。

　アルとダニーへ。本書はあなたたちの傑作だ。おめでとう。そして私
の人生に登場してくれてありがとう……

ジョン・デュ・ケイン
Dragon Door Publications 創業者＆CEO

著 者 に よ る ま え が き

親愛なる読者へ

　ストリートワークアウト運動が夜明けを迎えたことは間違いがない。ニューヨークの路地裏から、ヨーロッパの古都にある石畳、オーストラリアの奥地まで、都市型キャリステニクスのこの爆発を否定することはできない。私たちがその盛り上がりの一助となれたのはとても幸運なことであり、深く感謝している。さらに、ソーシャルメディア、地元のプルアップバー、ドラゴンドアのProgressive Calisthenics Certificationなどを通じて、世界中のキャリステニクス愛好家とつながる機会を得たことにも感謝している。自重力を使って鍛える私たちの間には、すぐに仲間意識が生まれる。キャリステニクスをやる者は、お互いをサポートし合い、前向きな姿勢を周囲に拡散することで知られている。

　ここ数年にわたり、私たちは四大陸にまたがる十以上の国、そこにある数十の都市で教えてきた。ストリートワークアウトは私たちをけっして行くことはないだろうと思っていた場所に連れて行き、会うことがなかったであろう多くのすばらしい人々を私たちに紹介してくれた。あなたが手にしているこの本は、都市型キャリステニクスのエクササイズとプログレッションの包括的なマニュアルであるだけでなく、私たちがこれまで体験してきたことのアンソロジーでもある。

　このマニュアルに掲載されている写真の撮影期間は数年にわたっている。私たちの広範囲にわたる旅行、ワークアウトを通じての交流、あなたのホームタウンへの訪問、そしてあなたとの出会いを集めたものだ。

そこに表現されているストリートワークアウトスタイルで体を動かすスリルと喜びは、あなたと共有した体験をもとにつくられている。

　私たちのどちらもが、以前、キャリステニクスに関する本を書いたことがある。しかし、この規模のプロジェクトに参加したことはない。エクササイズの一部はおなじみのもののように見えるが（基本の中にこそ、語るべき多くのポイントがある）、他のエクササイズはあなたにとってまったく新しいものになるだろう。私たちは長年にわたって教え方を洗練させてきたので、ここには、新しい技術を用意することもできた。地上に永遠に横たわるまで私たちは動き続ける。そして、私たちのワークも終わらないだろう。

　この本を楽しんでほしい。いつものワークアウトに適用してほしい。挑戦してほしい。進化させ、あなたのものに変えてほしい。私たちの唯一の希望は、私たちがこれをつくることを愛したのと同じくらい、あなたがこれを使うことを愛してくれることにある。

アル・カバドロ／ダニー・カバドロ

TABLE OF CONTENTS 目　次

I

What Is Street Workout?

ストリートワークアウト
とは何か？

CHAPTER 1
Street Workout At Dawn
ストリートワークアウトの夜明け

　獲物にそっと近づいた。狩りをした。地上高く樹に登った。体を動かして遊んだ。

　ヒトとしての黎明期に私たちは実に多くのことをやっていた。

　その頃の"男"は、一日じゅう、腕や脚、体全体を使っていた。樹の上に体を引き上げて果物を採ったり、力を合わせて仕留めたマンモスを持ち上げたりするときには全身の力が必要になる。生き残りを賭けて戦うとき、体の一部位を"分離"することはない。"脚の日"だからとジャンプしたりスプリントしたりすることもない。体全体を使わなければ、サーベルタイガーに引き裂かれることだってあったからだ。

　歴史を数千年間早戻しすると、私たち人類が、エジプトでスフィンクスを、イギリスでストーンヘンジを、中国で万里の長城を建造した事実に出会う。山ほど大きな岩を動かすには、とてつもない筋力が必要になる。しかし、彼ら（＝私たち）にはそれができた。"分離させた体の部位"はなく、調和的に協働させる"全身"があったからだ。こういった建造物をつくったのは、ジムで10レップスのハンマーカール３セットをやる人たちではなかったのだ。

　これらの建造物をつくる筋力を手に入れるのに、私たちの先祖は、ジムにあるマシンを必要としなかった。キャリステニクスにおいてもカギとなる"てこの原理"を理解していたので、（建築学的な観点から）それを使って、驚くべき構造物をつくることができた。てこの原理を使えば、ピラミッドだろうと彫り込んだ人体だろうと、とてつもない何かができあがる。

外部負荷を使わないトレーニングは、キャリステニクスとして知られている。それは人類の黎明期からあったものだ。キャリステニクス、つまり自分の体重を使ったトレーニングは、もっとも古く本質的な運動様式でもある。プレス、プル、スクワットという動作は、私たちのDNAに刻み込まれている。現代的なジムが発明される前、体重を使って筋肉に負荷をかけることは、最高のトレーニング法であり……それしかなかった。私たちの多くが、キャリステニクスに興奮し、刺激を受け、動機付けられるのは何も不思議なことではない。実際、派手なプルダウンマシン、ピカピカしたケーブルクロスオーバー、デジタル化された自転車もどきを備えたモダンなジム（「グロボジム」と呼ばれることがある）は、ごく最近、発明されたものだ。一方、キャリステニクスは時代を超越している。

　大昔に、ジムがなかったと言っているのではない。確かにそれはあった。ただ、現代的なそれではない。古代ギリシャにあった最初期のジム（ジムナシア）は、もっぱら体重だけを使うエクササイズでプログラムされていた。最低限使われていたのは、パラレルバー、よじ登るためのロープ、走行路だった。実際、「キャリステニクス」という言葉はギリシャ語に由来し、おおよそ「美しき強さ」という意味を持つ。当時のジムが、体を鍛えるだけでなく、知恵、哲学、言語学を学ぶ場でもあったことはとても興味深い話だ。

　私たちカバドロ・ブラザーズが育った時代には、前述のグロボジムが当たり前のものになっていた。1980年代のニューヨーク。その頃の私たちは、若く、文無しだった。だから、ジムに行くことができなかった。今は、そうだったことを感謝しているが……。その時代は、今のようにミニマリズムがトレンドではなく、ジムに行くことが唯一の選択肢だったのだが、私たちの場合、プッシュアップ＆プルアップコンテストへの参加がトレーニングの入口になった。このオデュッセイが始まったときに持っていた器具は、ドア枠に取り付けるタイプのプルアップバーだけ（正確に表現するとそこらへんにあるパイプだった。今、売られている人間工学的に作られた組み立て式とは違うものだ）。でも、それがあれば十分だった。

　私たちはフィットネスチェーンがそこら中で大箱のジムをオープンさせる

のを見てきた。そのうちのいくつかに勤めたこともある（おっと。筋力しか売り物がなかった私たちにとって仕方がないことだった。誰もが、何らかのかたちで生計を立てる必要があるというものだ）。しかし、ここにきて世界規模で、フィットネス文化がキャリステニクスというルーツに戻ろうとしている。ストリートワークアウトスタイルを主にしたこの復活には、従来のビッグボックスジムにはない多くの要素が含まれている。自重力トレーニングのエレガントなミニマリズム、屋外で体を動かす楽しさ、セルフメードした体を所有することによる“自信”がそこにはある。トレーニングがもたらす筋力の離れ技については言うまでもない。

即興性の魅力も知ってほしい。企業が提供するマシンに使われるのではなく、今いる場所、つまり“環境”が提供してくれているものを使おうとすれば、創造的、場合によっては芸術的とも言える心の一部が目覚める。商業ジムのメンバーは、何百キロもの重さがあるマシンを使って、一度に一つの筋肉を鍛えている。私たちは、そこにあるポール、フェンス、または道路標識を使って、全身を対象にした動作にトライする。

周囲を観察してそれを利用するという人間の特質が死にかけている。私たちの目はいつもGPSナビゲーターに釘付けになっている。私たちの手はそこにいない人へのテキストメッセージを送るために不自由になっている。すぐそこにある対象物と物理的に触れ合うことのすばらしさを忘れている。人々はジムに行き、トレッドミルに乗ってテレビ画面を眺めている。その瞬間に、その人はそこにはいない。しかし、目の前にあるものに手を伸ばしてつかめば、今この瞬間に存在することができる。単純に気分がいい。今あなたがいるフィットネス世界が、非実用的なマシンにあふれた要塞のように見えたら、ストリートワークアウトの新鮮な空気を吸ってほしい。操作されることから自由になるのだ。

近くの公園でトレーニングする——そのアイデアはあなたを躊躇させるかもしれない。しかし、心配はいらない。ストリートワークアウトを愛している人たちの心の敷居はとても低い。そして、あなたを歓迎してくれるだろう。もちろん、私たちも大歓迎だ。

CHAPTER 2
Street Workout Culture
文化としてのストリートワークアウト

　ミレニアムが代わる頃、キャリステニクス愛好者たちがニューヨークに集い、公園、遊び場、公共のプルアップステーション、果ては建設現場の足場を使ってトレーニングを始めた。チーム、ミートアップ、ブートキャンプ、プルアップジャムなどのグループが生まれた。ストリートで鍛えるこの新しいタイプのアスリートたちと行動を共にする人が増え、ストリートワークアウト文化が成長していった。私たちは、ニューヨークにあるトンプキンススクエアパークが、ちょっとしたジムの代わりになる場所から、世界中のフィットネス愛好家が集まってレップをカウントする場所になるまでを目の当たりにしてきた。暴力沙汰が多発し、ホームレスのジャンキーであふれ、不健康の代名詞だった"あそこ"がフィットネスのメッカになった事実を、ニューヨーカーとしてとてもうれしく思っている。現実とは奇妙なものだ。

キャリステニクスは人類そのものと同じくらい古いものだが、これほどの興盛は現代的なコミュニケーションがあってこそなし得たものだ。物理的な質量は変化していないが、ネットの発達によって地球が小さくなっている。YouTubeやInstagram、Facebookなどが、言葉やイメージを広める上で大きな役割を果た

している。私たちは、極東の小さな村に住んでいる子供が、ニューヨークの
イーストビレッジで撮影したチュートリアルを参考にしてプルアップを学ぶ
時代に生きているのだ。屋外でやるキャリステニクスは、人間性と同じくら
い長く、いつもそこにあった。しかし、現在進行形のこの出来事は、これま
でとは別次元のものと言える。

　時間が経つとともに、ストリートワークアウト現象はアメリカ全体に広が
っていき、そこから海を渡り、地球全体に広がっていった。ヨーロッパに、
見たことがないようなキャリステニクスの獣がいる。アジア、南アメリカ、
オーストラリアにも最高のアスリートがいる。数千人のファン、フォロワー、
愛好家が参加するストリートワークアウト競技会が定期的に開催されるよう
になっている。

　文化的な意味でも、ストリートワークアウトは革命的だ。人類学的な等価
器にできるからだ。私たちのコミュニティには、さまざまな生い立ちをもつ

人たちが、国境を超えて、さらに辺境からも参加してくる。私たちは、フィットネス、フォーム、機能性、自分を高めていくことへの情熱、そして、他人を刺激したいという共通の目的のために団結している。ここには、高齢者も若者も、男も女も、黒人も白人も、ゲイもストレートもいる。

　社会的な意味とは別に、ストリートワークアウトは体型においても優れた等価器になる。キャリステニクスをやるときは、体重を度外視した強さが問われるからだ。そこでは、体が大きい人と小さい人が、同じ相対的抵抗を受ける。つまりは自分の体重だ。身長190センチで体重120キロの筋肉質の男は、当たり前の話だが、身長170センチで体重70キロの筋肉質の男よりも高重量のベンチプレスができる。同じ体組成であると仮定すると、単純に物理的な差が生まれ、体重が重ければ、より多くの外部荷重を持ち上げることができるだろう。しかし、その二人をプッシュアップコンテストに放り込むと、そこは公平な競争の場になる。ストリートワークアウトが機会均等の場になる。体重が増え、それにつれてプッシュアップのレップス数が減ったら、強くなっているとは言えないだろう？

　メインストリームからは遠いが、ストリートワークアウトの流行を確かめたかったら、地元の公園やインターネットをのぞけばそれがわかる。実際、ジムにまったく行ったことがないような新世代のフィットネスフリークに会うことになる。彼らが知っているのはストリートワークアウトだけ！　私たちは、過去の、現在の、未来のアスリートになろうとしているのだ。

WE ARE NOT GYMNASTS
私たちは体操選手ではない

　もちろん、体操選手とストリートワークアウトをやるアスリートには多くの共通点がある。両者とも体重を使ってトレーニングし、ハイテク機器にはあまり関心を持たない。しかし、間違わないでほしい。私たちは体操選手ではない。体操選手が世界でもっとも強いアスリートの一種であることに疑いの余地はない。実際、一流の体

操選手たちはキャリステニクスにおける高度な動作のいくつかをたやすく演じるだろう。しかし、体操は、とても厳密にジャッジしながら、ルールを使ってスコアづけする特殊な分野だ。

　私たちはジャッジには向かわない。やるべきことはそこにはない。私たちは堅苦しいシステムが好きじゃない……足場を使ってプルアップするのはそれが理由だ。即興を罰するのではなく、それを祝福する。私たちは自発的な動作を好む。このはみ出し者たちによるチームは、堅苦しいシステムに忠誠を誓うことができない。そして、ワークアウトと楽しむことを区別することがない。

　体操選手ではないという事実が、私たちを特殊な集団にしている。

　ここに、ルールを知り尽くした権威的なコーチはいない。ストリートワークアウトがストリート生まれだからだ。ここに、滑らかで平坦な舞台はない。調節可能なストラップ、チョークもない。あるのは、停車中のトラック、道路標識、フェンスだ。だから、私たちは体操選手ではない。

CHAPTER 3
Street Workout Training
ストリートでのトレーニング流儀

　太陽の下にいたいという原初的な衝動をもって私たちは生まれてくる。どれほど知的に振舞おうと私たちは"動物"だ。もともと、窓がなく温度管理された部屋の蛍光灯の下に座るようにはできていない。そういった環境で仕事したり生活したりすることは、私たちの中にある"自然"を閉じ込めていることになる。だから、ワークアウトするときくらいはそこから解放されたい。

　人生と同じように、ワークアウトは、楽しく、冒険的で、原初的かつ純粋

でありたい。ストリートワークアウトほど、これらの要素を具象化するトレーニングスタイルはない。そこに信号機があれば、それを使って、プルアップ、ハンドバランシング、ハンギングニーレイズ、バーレバーができる。特別なものは必要としない。ストリートワークアウトの場合、二つの要素さえ揃えば、どこにいようと、そこを快適なジムにできる。自分の体と今いる場所だ。公園、あるいは、ちょっとした突起があればトレーニング可能だ。創造力さえあれば、どんなものでも"獲物"にできる。

　体のある部位を分離して動かすのではなく、全身を結合させて動かすのがストリートワークアウトだ。体重を用いる場合、ある筋肉が他より強調されたとしても、他の筋肉を100％分離することはできない。ヒトの体は全体を使うようにできていて、多数の筋肉グループを巻き込むほど強くなれる。たとえば、プルアップは、上腕二頭筋だけでなく、広背筋、腹筋、肩にある筋肉などを巻き込んでいく。一方、現代的なジムには、体全体を対象にして筋力向上を図るマシンはない。そして、現代的なエクササイズの多くは、特定の筋肉を強調することが多い。ピカピカ光るグロテスクなマシンに座って重りを動かしている人よりも、そこにある"何か"の上に全身を引き上げている人の方が、はるかに印象的なのは誰の目にも明らかだ。

　ストリートワークアウトで用いる動作は、筋力、柔軟性、バランスの完璧な融合を表現している。さらに、神経系を混乱させ、空間認識能力を問うてくる動作が多い。深部知覚（関節、筋、腱の動きに対する感覚）まで必要になってくる。ピストルスクワット、バックレバー、ハンドスタンドなどがそういったエクササイズの例になる。

　ストリートワークアウトは、画一的な動作を嫌う。そのことが、ストリートワークアウトを現実世界に通用する筋力をつくるトレーニングにする。

雄牛の角を捕まえろ

II

Foundational Progressions

基本動作の
プログレッション

　自分の体重を対象に、押す、引く、しゃがむ。そこに前屈とブリッジを加えると、野獣のように強く、しなやかで、壊れにくい体ができる。それがすべての土台になる。進歩していくには外部抵抗が欠かせないと批判する人もいるが、それは違う。実際、このパートⅡで紹介するエクササイズの探求だけに生涯を費やしても、常に得るものがあるし、向上していくことができる。プログレッションの原則である、てこのかけ方の調整、接触点の追加または削除、可動域を広くすることなどの工夫で、ウエイトを挙げることなく、強くなり続けることができる。

　もしあなたがストリートワークアウト入門者なら、ここからの基礎的プログレッションに多くの時間を費やさなければならない。次の動作に進む前に、その動作の基礎をつくる今やっている動作に習熟し、まずは、土台を固めることが大切だ。各章のエクササイズはおおよその難度順に示されている。簡単な動作パターンから始まり、プログレッションの後半は相当ハードなものになる。進歩は人それぞれなので、じかにやってみての手応えを信じて進んでほしい。

　これらのシンプルな動作パターンに見られる、美しさ、効果、完全性は否定しようがないものだ。実際、このセクションで紹介する、わかりやすくて多岐にわたる動作は、ストリートワークアウトの魂を表現したものと言える。

CHAPTER 4 *Push* プッシュ

　すべての筋力トレーニングの基礎エクササイズ。それが、上半身を使って
やる"プッシュ"だ。強い"押し"がなければ、自分自身を守ることも、重
いものを動かすことも、日々やるべきことをスムーズに行うこともできない。
いざというとき、頼りになるのがプッシュだ。

　この章のエクササイズは3つのカテゴリに分類される。ホリゾンタル・プ
ッシュ、オーバーヘッド・プレス、ディップだ。それは、空間内でどう動作
するかと、どの筋肉が主に動くかによって区別される。ホリゾンタル・プッ
シュは、腕を胸の前に押し出し、体から遠ざけていく動作を指す。オーバー
ヘッド・プレスは、肩の上にある対象物を腕で押す動作だ。キャリステニク
スでは、通常、逆立ちして行う。ディップは、胴部を直立させ、両手を股関
節方向に押し下げる動作だ。とはいえ、3種類の動作はどれも、胸、肩、腕
（特に上腕三頭筋）と腹部にある筋肉を巻き込むものになる。

HORIZONTAL PUSH PROGRESSIONS
ホリゾンタル・プッシュ・プログレッション

　典型的なプッシュアップであり、プッシュの真髄と言えるのがホリゾンタ
ルプッシュだ。プッシュアップは、いつも私たちが好んでやるエクササイズ
の一つだ。器具を必要とせず、どんなフィットネスレベルにある人にもでき、
求めるゴールに合わせて無限に変化させていくことができる。これから見て
いくように、プッシュアップのバリエーションとプログレッションはとても
多い。関節を健康にしたい、関節可動域を大きくしたい、単に筋力をつけた
いといったニーズにかかわらず、ルーチンにいくつかのバリエーションを組

み込むことが可能なので、何らかのかたちでプッシュアップを利用した方がいい。全身に負荷をかけるが、主にこの動作の対象になるのは、肩関節を動かす胸筋と、肘関節を動かす上腕三頭筋になる。

プランク

前腕とつま先だけを地につけ、体をまっすぐ水平に保つのがプランクだ。腹筋、臀筋、脚にある筋肉を含め、体中のすべての筋肉を緊張させ続ける。肩甲骨を引き下げて広げ、肘を地に押し込む。耳のそばで肩をすくめないようにする。

手のひらを使ったプランクも可能で、それは、プッシュアップのトップポジションと同じ姿勢になる。肩と腕の力が足りないと、この手のひらでやるプランクは難しく感じる。一方、コアの筋力が足りない人は、肘を曲げたプランクの方に難しさを感じるはずだ。

体の角度が地と平行に近づくほど、体幹にある筋肉を安定させることによる姿勢の維持が難しくなる。肘を曲げると肩や腕にかかるストレスがいくらか少なくなる。両方のバージョンを試してほしい。

　フルプランクができないときは、つま先から膝までを地につけ、肩から膝までの直線を維持するバリエーションに変更する。体の長さを短くすると、レバー（動作させる"剛体"）が短くなって、力学的に有利になる。このバリエーションを難しくするには、両足を持ち上げる。

　プランクを保つときは、股関節が垂れないように細心の注意を払う。また、股関節が空中高く持ち上がりすぎないようにする。かかとから後頭部までがストレートラインになるよう心がける。

PUSH-UP

プッシュアップ

　両手のひらを肩幅よりも少し広く置いてやるプランクを想定する。親指は脇の下の直下で緊張させる。かかとを合わせて体をまっすぐに保ちながら、胸が地のすぐ上にくるまで下げ、一時静止してから体を押し上げる。両肘を後ろに向けて体に近づけ、それらが横に開かないようにする。かかとから後頭部までが一直線のプランクがキープできているか確かめる。

　ボトムポジションで肩甲骨を寄せるが、各レップから最大限の成果を得るには、トップポジションでは広げるようにする。

KNEELING PUSH-UP
ニーリング・プッシュアップ

つま先ではなく、膝を曲げて地につけてやるプッシュアップがニーリング・プッシュアップだ。ひざまずいてやるプランクと同じで、体の長さを短くすると、レバーが短くなって、エクササイズが容易になる。このバリエーションでは、足ではなく膝が蝶番になる。

STRADDLE PUSH-UP
ストラドル・プッシュアップ

標準的なプッシュアップでは、かかとを合わせるが、このプッシュアップでは、かかとを離す。スタンスを大きく取ると体を支える土台が大きくなる。股を開くと、わずかだが体の長さが短くなって力学的にも有利な姿勢になる。

HANDS ELEVATED PUSH-UP

ハンドエレベーテッド・プッシュアップ

両手を高い位置に置いても、標準的なプッシュアップを少し容易なものにできる。体を傾斜させるとより多くの体重が両足にかかるようになり、腕にかかる負荷が小さくなるからだ。

体を立てるほど、プッシュアップが容易になる。最初は大きな傾斜にし、時間をかけて小さな傾斜にしていく。

FEET ELEVATED PUSH-UP

フィートエレベーテッド・プッシュアップ

高い位置に両手を置くとプッシュアップが容易になるが、高い位置に両足を置くと逆の効果が生じる。高い位置に足を置くほど、手にかかる体重が増えるからだ。

手も高い位置に置くと、頭をかなり下まで下げる余地ができる。

NARROW PUSH-UP
ナロー・プッシュアップ

　両手を近づけてプッシュアップするとエクササイズが難しくなり、上腕三頭筋にかかる負荷が大きくなる。

　両手間の幅を狭くすると、てこのかかりが悪くなって、よりハードなチャレンジになる。標準的なプッシュアップより筋肉をつける効果が増す。手を近づけるほど動作が難しくなる。

　ボトムポジションに向かうときは、両手を胸の下に保ちつつ、肘が広がらないよう、体の横にしっかりつける。こうすると関節が保護されるだけでなく、各レップで上腕三頭筋を最大限に利用できる。

WIDE PUSH-UP
ワイド・プッシュアップ

　ナロー・プッシュアップと同じで、両手を離してのプッシュアップも難しいものになる。両手を離していくと胸筋への負荷が増す一方で、てこのかかりが悪くなるからだ。ワイド・プッシュアップは、両手を少し外に向けるとやりやすくなる。

ホローボディ

　動作にコアマッスルをどうかみ合わせるか。それを学ぶエクサ
サイズがホローボディドリルだ。プランクやプッシュアップだけ
でなく、多くの自重力エクササイズに好ましい影響をもたらす。

　仰向けになり、膝を胸近くに抱え込みながら両手を体の両脇に
置く。腹筋を収縮させ、下背部を地に押し込む。かかとを地から
数センチ離れたところまで下ろし、ゆっくりと脚を伸ばしていく。
この間、背を平らにした（ホロー）ポジションをホールドする。

　下背部を地から離すことなく脚を完全に伸ばせる場合は、顎を
たくし込み、頭上に手を伸ばして難度を上げる。体を長くするほ
ど、姿勢を保つのが難しくなる。体幹にある筋肉をさらに働かせ
なければならなくなり、そのことが筋力を強くする。

KNUCKLE PUSH-UP

ナックル・プッシュアップ

　つくった拳の基節骨でやるプッシュアップが、ナックル・プッシュアップだ。手のひらでやるプッシュアップよりも、体を地に近づけるまでの距離が長くなるので、1レップ当たりの負荷が大きくなる。また、地への接触面積が減るので、安定性が問われるエクササイズにもなる。

　手首に柔軟性があまりない人にとって、手のひらを平らに置いて手首を折り返す通常のプッシュアップよりもやりやすいバリエーションになるだろう。

　手の皮膚は敏感なので、始めたばかりの頃は、指の関節部で体重を支える不快感が邪魔になるかもしれない。

フィンガーチップ・プッシュアップ

　指で体重を支えて行うプッシュアップは、プッシュアップトレーニングに新しい要素を加える。無視されがちな多くの筋肉を巻き込むだけでなく、ナックル・プッシュアップ以上に地までの距離が遠くなって動作域がさらに広がるからだ。手は、エクササイズをやる上で重要な役割を果たしている。そのため、指先を使ってのプッシュアップはワークアウトそのものをやりやすいものにする。

　"フィンガーチップ（指先）・プッシュアップ"という用語は誤解を招きやすい。実際には、指の先端で地に触れているのではなく、指の先端を少し後ろに曲げて指の腹を当てることになる。普通の人より曲がりやすい指を持つ人がいるが、これは大した問題ではない。手のひらの一部が地に触れさえしなければいい。

　ストリートワークアウトには、ぶら下がってやるグリップワークが多い。そういったエクササイズに適した指にできることにも注目したい。

クロウ・プッシュアップ

　フィンガーチップ・プッシュアップの高度なバリエーションだ。手を鉤爪に似せたかたちにして地につけ、指の先端に体重を乗せてプッシュアップする。これを "本物のフィンガーチップ・プッシュアップ" と呼ぶ人がいるが、業界標準的には、左ページのやり方を指す。どちらが正しいにせよ、グリップトレーニング上級者向けのエクササイズになる。

ONE LEG PUSH-UP

ワンレッグ・プッシュアップ

　地や対象物との接触点を減らせば、ほぼすべてのキャリステニクスエクサ
サイズの強度を高めることができる。プッシュアップを例にとれば、片足を
地から持ち上げることが出発点になる。接触点を減らすと、コアマッスルと
残る手足だけでたるみを正さなければならない。持ち上げた脚の膝を肘方向
に持っていくと、さらに挑戦的な動作にできる。

HINGE PUSH-UP

ヒンジ・プッシュアップ

　標準的なプッシュアップのトップポジションからスタートし、ボトムまで体を下げる。そこから体を押し戻す代わりに、体重を肘に向かってシフトバックさせる。手のひらを肩の前にある地に平らに置いたまま、前腕を使ったプランクを行って体を緊張させる。少し静止してから、前方にスライドし、肘を地近くから持ち上げて、トップポジションまで体を押し戻す。

　前方へスライドするとき、シフトバックすることで後ろに出たかかとを前に出す。体幹を安定させることが大切なので、腹筋、背部、および臀部を緊張させ、筋肉どうしを協働させ続ける。

ARCHER PUSH-UP

アーチャー・プッシュアップ

　両手を置く幅をかなり広く——ワイド・プッシュアップをやるときよりも広く——取ったところから始める。片方の腕をまっすぐに保ちながら、もう一方の腕を曲げていくが、その曲げていく腕の側に体をスライドさせていく。上下だけでなく、横方向にも体が動くことになる。

　動作を制御しやすくするには、両手を少し近づけたところから始め、まっすぐにする方の腕の肘を少し曲げて行う。そこから、その曲がりをなくしていく。全可動域を使った動作を目指して、両腕を少しずつ外側にずらしていく。

　アーチャーをやるときは、横へ体がねじれたり、股関節のところで波打ったりするのを避ける努力を。標準的なプッシュアップのように、両足を広げて練習を始めるといい。筋力や制御力がつくと、両方のかかとを触れ合わせたところからスタートできるようになる。

IGUANA PUSH-UP

イグアナ・プッシュアップ

　イグアナをやるには、手すりか直線バーが必要になる。パラレルバーの一方を使うとやりやすい。両手でバーをしっかり握り、一方の足裏にもう一方の足裏を重ね、この姿勢でプッシュアップを行う。転倒しないよう、コアマッスルを緊張させてゆっくり行う。バランスと安定性を向上させるプッシュアップを探しているなら、イグアナ以上のものはない。

ワンアーム・プッシュアップ

　ワンアーム・プッシュアップを学ぶためにお勧めできる技術の多くは、両腕でやるプッシュアップを学ぶときと同じものになる。つまり、片方の腕でプランクを保つところから始めればいい。

　片腕で体重を支える感じがつかめたら、高さがある表面に手を置いてワンアーム・プッシュアップを練習する。こうすれば、あまり重くない"体重"を使って動作パターンを確かめることができる。

　高さがあるほど、動作が容易になる。したがって、最初はかなり高いところにある表面を使ってトレーニングし、そこから低い表面へ移っていく。

　ワンアーム・プッシュアップのフォームは、両腕でやる標準的なプッシュアップバージョンとは少し異なるものになる。最初は両腕パターンをやるときよりも脚を離す必要があり、プッシュアップする方の手が体のほぼ中央下にくるようにする。標準的なプッシュアップよりもナロー・プッシュアップをやるときに置く手の位置に似ている。

　両足を近づけるとエクササイズの難度が上がるので、動作パターンの感触をつかむまで、適度に広げたスタンスで練習する。最終的には、スタンスを狭めてやれるようになる。

ハンドエレベーテッド・ワンアーム・プッシュアップ

伝統的なワンアーム・プッシュアップ

　片方の腕だけでやるプッシュアップだが、"ワンアーム・プッシュアップ"という用語は少し誤解を招きやすい。脚、腹筋、臀筋、さらにはもう一方の腕を緊張させなければ、正しい"ワンアーム・プッシュアップ"にはならない。また、プッシュする腕と反対側の脚の間に、強いクロステンション（十字引張強度）が求められる。たとえば、左腕でワンアーム・プッシュアップをやる場合は、体を下ろしていく間、右脚を硬く収縮させて、それが揺れ動かないようにする。ここから難度を高めたいなら、左脚を空中に浮かせ、左腕と右脚だけでやるワンアーム・プッシュアップにする。

　ナロー・プッシュアップと同様、体を支えている腕は、下に向かうときも上に向かうときも体側から離れないようにする。宙にある腕は、体側につけたり、背中の後ろに置いたり、横に伸ばしたりする。ベストポジションを探して、いろいろ試してほしい。

ワンアーム・ワンレッグ・プッシュアップ

THE PLYO-MATRIX

FREESTYLE PUSH-UPS
フリースタイル・プッシュアップ

体（またはその一部）を空中に跳ね上げる爆発的なプッシュアップは、"プライオメトリック"プッシュアップと呼ばれている。多くのバリエーションがあり、すべて、高速かつハードに地をプッシュして空中に体を跳ね上げなければできない。プライオメトリクス初心者は、跳ね上がる距離や滞空時間は考えなくていい。両手を地から離せるようになることが最初のチャレンジになる。

プライオメトリック・プッシュアップの中でもっとも知られているのは、"クラッピング"だ。上半身を地から高く跳ね上げ、スタートポジションに戻る前に拍手する。背中で拍手したり、体の前、後ろへとスイッチしながら、複数回、拍手したりするパターンがある。

拍手しないプライオメトリック・プッシュアップもある。両手だけでなく両足を地から離すバリエーションとか、そのトップポジションにきたとき、指でつま先に触れたり、両手を頭につけたりするバリエーションだ。

フリースタイルには見たことがないバリエーションが多い。爆発的に体を跳ね上げ、スタートポジションとは違う場所に着地することなど珍しくはない。両足がある場所を中心に、円を描くようにずらしたところに手で着地していき、360度回転する。あるいは、両手を使って体を跳ね上げ、両前腕で着地し、両前腕を使って体を跳ね上げて両手で着地する。さらに、プライオメトリック・ワンアーム・プッシュアップまである。フリースタイルには魅力的なゲームがいっぱいだ！

OVERHEAD PRESS PROGRESSIONS
オーバーヘッド・プレス・プログレッション

　上半身を対象にするキャリステニクストレーニングは、相当な負荷を肩にかける。ここまでに紹介したエクササイズすべてでそれが言える。しかし、力を出す方向を水平面（プッシュ）から垂直面（プレス）に変えると、強調される対象が、胸から肩へとはっきり変わる。ここからのエクササイズは、胸（腕、腹、臀部、背中の筋肉もそうだが）にも負荷をかけるものの、主に働くのは肩になる。

　すさまじい重さを相手にミリタリープレスする人も、こういったエクササイズを試みると謙虚な顔に変わる。しかし、プログラムに加えれば、彼らも天文学的な利益を得られることに気づくはずだ。プログレッションはゆっくり進んでほしい。強くなろう！

ヒンズー・プレス

　プランクの姿勢から、股関節を空中いっぱいまで持ち上げ、両手、両肩、股関節までをできるだけまっすぐにする。脚もできるだけまっすぐに保つが、ハムストリングスが硬い人は、膝をわずかに曲げるようにする。

　股関節を高く保ったまま頭頂を地に向けて下げていき、そこから股関節をすばやく下げて、胴部を急上昇させて空中を見る。次のレップを始めるために股関節をスターティングポジションに押し戻す間、腕をまっすぐ保ったままにする。

　押す段階は比較的容易だが、スタートポジションに戻す段階で負荷が大きくなるヒンズー・プレスは、パイク・プレスに向けての準備エクササイズになる。

パイク・プレス

　ヒンズー・プレス同様、股関節を空中に位置させ、両手、両肩、股関節までをまっすぐにしたところから始める。股関節を空中に保ったまま頭を地に向けて下げ、そこから体を押し戻してトップポジションに戻す。ほとんどのプッシュエクササイズと同じで、肘が横に向かって広がっていくのではなく、後方を指し続けていることを確かめながら行う。

HANDS ELEVATED PIKE PRESS
ハンドエレベーテッド・パイク・プレス

　標準的なプッシュアップと同じで、手を置く位置を足より高くすると、パイク・プレスも簡単な動作になる。身近にある対象物を相手に練習しよう。繰り返しになるが、高いところに手を置くほど、扱う"体重"が軽くなる。

FEET ELEVATED PIKE PRESS

フィートエレベーテッド・パイク・プレス

　高さがある場所に足を置くとパイク・プレスも難しくなる。体重がより多く腕にのしかかってくるからだ。パイク・プレスのすべてのバリエーションで言えることだが、押す動作を垂直面にとどめるため、肩より低いところに股関節がこないようにする。

WALL HANDSTAND PRESS

ウォール・ハンドスタンド・プレス

　ウォール・ハンドスタンド・プレス、別名ハンドスタンド・プッシュアップは、もっとも高度な自重力エクササイズの一つだ。

　足を蹴り上げて、背中が壁に向くよう逆立ちする。頭を地まで下げ、そこからスタートポジションまで体を押し戻す。通常のプッシュアップと同じで、両手間の幅や手を置く位置をいろいろ試すことができる。背中が過度に曲がらないように、臀部と腹部を動作にかかわらせる。

　ハンドスタンド・プレスの感じがわかったら、壁に背を向けるのではなく、壁に対面して行う。こちらの方が難しいものになる。

　他のプッシュバリエーションと同じで、ハンドスタンド・プレスでも手を置く距離を狭めると、エクササイズを難しくできる。プレスを含まないハンドスタンドそのものの詳細については、パートⅢ、第9章の「フロアホールド」を参照してほしい。

ULTIMATE HANDSTAND PRESS

アルティメット・ハンドスタンド・プレス

　標準的なハンドスタンド・プレスでは、頭頂が地に達するところまでしか進めない。頭を後ろに反らせて鼻まで下ろせば、距離をいくらか稼ぐことができる。動作域を最大化したいときは、手を何かの上に置いて、手を置いた位置より下まで頭が向かえるスペースをつくればいい。これこそ究極のハンドスタンド・プレスだ！

DIP PROGRESSIONS
ディップ・プログレッション

　顧みられることが少ないトレーニング界のヒーロー。それがディップだ。ワンアーム・プッシュアップ、ハンドスタンド・プレスなどの離れ技と比べると控えめに見えるが、万能の"プッシュ"を開発するために忘れてはならないツールになる。

　胴部を直立させた状態を保ちながら体をプッシュしているときは、いつもディップをやっている。この異なる角度は、ホリゾンタル・プッシュやオーバーヘッド・プレスと比べて、上腕三頭筋により多くの負荷をかける。過小評価されがちなディップだが、プログラムに加えると独自の効果をもたらすものになるだろう。

BENCH DIP
ベンチ・ディップ

　ディップを始めるに当たっての最適な方法。それがベンチ・ディップとそのバリエーションだ。高さが45〜60センチあるベンチなどの対象物を背にし、背中の後ろに両手を廻して、手のひらを下にして対象物の表面に置く。背中をまっすぐにして、肘、肩と曲げていって体を下げる。胴部を直立させたまま、体をスタートポジションまで押し戻す。

　初心者は、膝を曲げ、両足を平らにして地につけた姿勢で行う。必要に応じて、足で優しく押せば腕の力を補うことができる。それが簡単になったら、足をまっすぐにしてつま先を上に向けてディップを行う。脚をリラックスさせ、股関節を肩の真下に垂らす。胸を上げ、背中を丸めたり肩をすくめたりしないようにする。

　筋力がつくと、足を上げて手にもっと体重をかけることができるようになる。

PARALLEL BAR DIP

パラレルバー・ディップ

エクササイズ中は、パラレルバーの間で直立させた体を空中に浮かせ続けることになる。

バーをしっかりつかみ、肘と肩を曲げて体を下げていくが、肘が横に広がらないよう、後ろに向かせ続ける。こうすると上腕三頭筋の収縮状態を保つことができ、肩にかかる負担を最小限にできる。すべてのレップから最大限の利益を得るために、胸を上げ、腹筋をかかわらせる。

パラレルバー・ディップをやるときは、脚を完全に伸ばし、足を少し前に出すと（P.38、ホローボディ・ポジションを参考にする）、コアに重点が置かれて、体がより緊張し、体重を前方寄りに保てるようになる。

逆に、膝を曲げて足を体の後ろに位置させると、力学的に有利になって若干やりやすくなる。

初心者は膝を曲げる方が快適に感じるだろうが、緊張をつくり出すために足首をクロスさせてもいい。あなたにとってのベストを見つけるためにいろいろ試してほしい。それは誰にとっても同じではない。

肘や肩の曲げ方を工夫して遊ぶこともできる。前方に乗り出すほど、胸筋に負荷がかかる。体を直立させるほど、上腕三頭筋とコアマッスルに負荷がかかるようになる。

STRAIGHT BAR DIP

ストレートバー・ディップ

　一本のバーの上に上半身を位置させ、そのバーを両手で握って行う。バーの間で体を下ろすパラレルバー・ディップと違い、ストレートバー・ディップではバーを中心にして体を動かすことになる。降下中はバランスを保つために両脚を前方に伸ばす必要がある。

　バーを体の前に位置させるという簡単な変更により、パラレルバーと比べて力学的に大きな不利が生じる。それに伴い、バーから手が滑ったりバーから落ちたりする可能性が生じる。そうならないように両脚を前方に伸ばすのだが、それに加えて、上半身をバーの前方に乗り出すようにする。

PERPENDICULAR BAR DIP

パーペンディキュラーバー・ディップ

　直角を形成する２つのバーを使って行うディップ。パラレルバー・ディップとストレートバー・ディップの中間的なエクササイズだと考えることができる。今いる環境を観察し、さまざまなセットアップでワークするのがストリートワークアウトだ。

ロシアン・ディップ

　ヒンジ・ディップとも呼ばれるロシアン・ディップは、パラレルバー・ディップのように始まる。関節可動域の底に達したら、体重を肘にかけて体を後ろに向かわせ、前腕をバーに接触させる。バーを強く握って腹筋を収縮させながら体重を肘から手へ戻し、手首の前方まで肩を持っていく。そこからスタートポジションへと体を押し戻す。

コリアン・ディップ

　プルアップバーを背にして行うディップ。両足が宙に浮いていることを除けば、ベンチ・ディップとほとんど同じだ。

　とはいえ、もっとも難しいバリエーションの一つなので、ここまでのプログレッションに習熟していることがトライする上での前提条件になる。この姿勢で体をコントロールすることはとても難しい。そのため、腹筋と下背部の筋肉をかかわらせることが欠かせない。両脚をバーの後ろ側へと伸ばすことで下ろす体を安定させる。ここで、ハムストリングスと臀筋を緊張させると助けになる。背の後ろでバーを持つことが肩に深いストレッチをもたらす。関節可動域を広げる働きもある。オーバーハンドでやってもアンダーハンドでやってもいい。

THE PLYO-MATRIX

EXPLOSIVE DIPS
イクスプローシブ・ディップ

プッシュアップ同様、ディップも爆発的なスタイルでやることができる。プライオメトリック・ディップ（爆発的なディップ）に乗り出す前に、ここまでのディップが容易にできるようになっているだけでなく、強くてコンディションが整った手が必要になる。初めてプライオメトリック・ディップにトライしたときは、手と手首で吸収する衝撃がどれほど大きく不快であるかにショックを受けることになるだろう。

レップのトップポジションで、バーから手を持ち上げ、もう一度バーをつかむ技術が基本のプライオメトリック・ディップになる。難度を上げたかったら、手を空中でより高く持ち上げる。これは、当然、体をより勢いよく持ち上げることになるので、追加の力をつくり出さなければならない。そこに拍手を加えてもいい。

さらに高度なバリエーションには、ディップしながらバーを渡っていく "ホッピング" ディップや、体を180度回転させて、最初に向いていた方向の逆を向いてバーをつかむディップがある。

CHAPTER 5 *Pull* プル

　私たちが少し知られる存在になり始めた頃、「で、どれくらいベンチできるんだい？」と問われることが多くなった。つまり"プッシュ"だ。それを判断基準にする。現代的な筋力トレーニングは、"プル"で使う背中の筋肉にあまり注意を払わない。上半身の牽引力は過小評価されがちでもある。ジムの中で引っ張ることに夢中になっている人たちもいるが、奇妙な広背筋プルダウンマシンとケーブルローイングデバイスを使って背中を動かしている。ストリートワークアウトとは正反対だよね？ はっきりさせたいことがある。"引く"としたらプルアップに代わるものがないということだ。

　フィットネスの世界に限ったことではなく、現代人は、机、モバイル機器、クルマの運転席の前などにいる時間が異常に長く、前方へと傾斜する文化の中にいる。そのため、胸が前方へ沈み、脊柱が曲がっている人が多い。トレーニングにおいても健康においても、体全体をバランスさせることはとても大切だ。いつも前へとプッシュしているなら、後ろへ引くプルがなおさら必要になる。プルアップが、上半身にバランスをもたらし、それを維持するのに役立つエクササイズになる。

　ここからのエクササイズは2つのカテゴリに分類される。ホリゾンタル・プルとオーバーヘッド・プルだ。手を胸に向かって引っ張るのがホリゾンタル・プルであり、腕が頭上にいくことはない。頭上にある何かにぶら下がって始めるのがオーバーヘッド・プルだ。私たちはこの2つの動作面を扱うことになるが、すべてのエクササイズで、肘を曲げるときに上腕二頭筋を、肘を後ろまたは横に向かって引くときに上背部の筋肉（広背筋、僧帽筋、菱形筋）を使うことになる。

HORIZONTAL PULL PROGRESSIONS
ホリゾンタル・プル・プログレッション

　オーバーヘッド・プルを始める前に、その準備段階としてホリゾンタル・プルをやれという意見がある。しかし、ホリゾンタル・プルは独立したエクササイズとして見た方がいい。動作面を調整して、異なる角度から筋肉に負荷をかけることができる利点があるからだ。次のオーストラリアン（オージー）プルアップは、オーバーヘッド・プルをできるようになった人が、それをやる前に、その最中に、その後にというかたちで加えてもよいものになる。

AUSSIE PULL-UP
オージー・プルアップ

　ウエストほどの高さがあるバーの下に脚を伸ばした状態でぶら下がり、頭からかかとまでを直線にする。バーをしっかり握って全身を緊張させ、胸をバーに向けて引く。そこからスタートポジションまで、制御しながら体を下げる。プッシュアップと同じで、股関節を曲げたり肩をすくめたりしないように注意する。足が滑るようなら、かかとを地に突き立てて摩擦させる。

　初心者は、ウエストではなく胸までの高さがあるバーを使うといい。力学的に有利になって動作が容易になるからだ。

BENT KNEE AUSSIE
ベントニー・オージー

　膝を曲げて体の長さを短くするとプッシュアップが楽になるように、オージー・プルアップをやる際に膝を曲げても同じ効果が得られる。レバーが短くなるだけでなく、膝を曲げると、上半身の力を補いたいときに足で押すことができる。

WIDE GRIP AUSSIE
ワイドグリップ・オージー

　両手の間隔を広く取ると、上腕二頭筋の関与が少なくなり、背中の筋肉がより使われるようになる。菱形筋、広背筋、僧帽筋へ負荷が移動することがわかるだろう。

NARROW GRIP AUSSIE
ナローグリップ・オージー

　両手を近づけても、筋肉のかかわり方が変化する。前腕と上腕二頭筋が活性化するのを感じるはずだ。手首の関節可動性がより必要になるオージーでもある。

ニュートラルグリップ・オージー

　両手を向かい合わせたオージーにすると、肩と肘の関節にかかるストレスが軽くなるのを感じる人が多い。ニュートラルグリップ・オージーと呼ばれるこのバリエーションをやるには、パラレルバーが必要になる。ディップバーでもうまくできる。標準的なオージー・プルアップが問題なくできるようになったら、ちょっと違う角度から筋肉を攻めてみたい。

フィートエレベーテッド・オージー

　高さがあるバーを使えばオージー・プルアップを簡単なエクササイズにできる。逆に、低いバーを使えば、難しいエクササイズになる。しかし、バーがある程度低くなると、腕を伸ばしたときに体が地に届くようになる。この場合、体が地に届かないギリギリのところで、ベンチまたは別のバーの上に足を上げて補う。手がある位置に対して足がある位置が高くなるほど、難度が上がっていく。

ARCHER AUSSIE

アーチャー・オージー

"押す"アーチャー・プッシュアップの逆バージョン。グリップをかなり広く取って動作に備える。片方の腕をまっすぐ伸ばしたまま、その反対側に向かって引く。トライし始めの頃は、まっすぐにした胴部を維持するために、足を大きく広げてやるようにする。練習を積めば、足を揃えてできるようになる。手首の可動性に難があれば、動作のトップレンジで伸ばしている方の腕の手を緩めて動けるようにし、バーの上部で転がす。

ONE ARM AUSSIE PULL-UP

ワンアーム・オージー・プルアップ

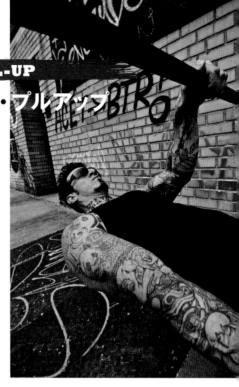

ナローグリップ・オージー・プルアップのポジションに入り、そこから両足を広げる。片方の腕をバーから離し、体の側部につける。バーをつかんでいる方の手は、両腕で行うオージーよりも体の中心近くに位置させる。全身を緊張させ、胸をバーに向かって引き始める。片方の脚や腕で行うエクササイズは胴部が回転しやすいので、そうならないようにベストを尽くす。とはいえ、体幹のわずかなねじれは避けられないのでそれに備えること。

"CALLOUS-THENICS"

"たこ"

ストリートワークアウトをやっていると、腱、靭帯、骨、軟骨など筋肉以外の組織も強くなる。さらに、人体最大の器官……皮膚も忘れてはならない！

バーを握ると手が頑健になり、たこができる。これは悪いことではない。手のひらの見栄えは落ちてくるが、体の残りの部分の見栄えがどれほど良くなったか確かめてほしい。

OVERHEAD PULL PROGRESSIONS
オーバーヘッド・プル・プログレッション

　頭上にある"何か"にぶら下がり、腕を使って自分を引き上げるときはいつもプルアップをやっている。それは、ヒトが取り得る動きの中で、もっともすばらしいものの一つであり、体を樹上に持ち上げることができたからこそ、私たちは地球上に生き残っている。オーバーヘッド・プルは、ストリートワークアウトにおいても、欠くことができないエクササイズの一つだ。動作の一つ一つが、キャリステニクスが持つミニマリズム精神を具現化しているし、体だけでなく、魂を巻き込んでいくからだ。バーを使ってやる高度な動作の基礎筋力をつくれるものにもなるだろう。

BAR HANG
バー・ハング

　両腕を使ってぶら下がることが、バーを使ったキャリステニクスのもっとも基本的な動作になる。頭上にあるバーをオーバーハンドでしっかりつかみ、肩甲骨を下後方へと引く。動作に腹筋をかかわらせ、骨盤を前方に押し込む感じにする。プランクとかホローボディポジションをやっているときと似ている。プランクがプッシュアップの最初の1レップに向けての出発点になるように、このバー・ハングがプルアップの最初の1レップに向けての出発点になる。

FLEX HANG

フレックス・ハング

　バーの上に顎がくるプルアップのトップポジションの姿勢を保つのがフレックス・ハング（フレックス・アームハング）だ。まっすぐにした腕でのバー・ハングに慣れたら、フレックス・ハングがプルアップに向けての次のステップになる。

　バートレーニング初心者は、アンダーハンドグリップを使う。筋力がついたら、ほとんどの人にとってより難しいオーバーハンドグリップに代える。

　パートナーに助けてもらう、踏み台を使う、あるいは、単にジャンプしてポジションに着き、顎をバーの上に保つ。数秒でもいいのでこのポジションを保てたら、順調にことが運んでいる。

ネガティブ・プルアップ

　バーから体を下ろしていくプロセス（ネガティブ・プルアップ）を練習することが、プルアップに向かう次のステップになる。フレックス・ハングポジションに入り、腕が伸びるまでできるだけゆっくりと体を下ろしていき、最後にバーから手を離す。

　制御しながらのネガティブは、最初はとても難しく感じるだろう。しかし、練習すれば、10秒かそれ以上を費やしながら一定のペースで下降できるようになる。そうなれば、フルプルアップが手に届くところにきている。

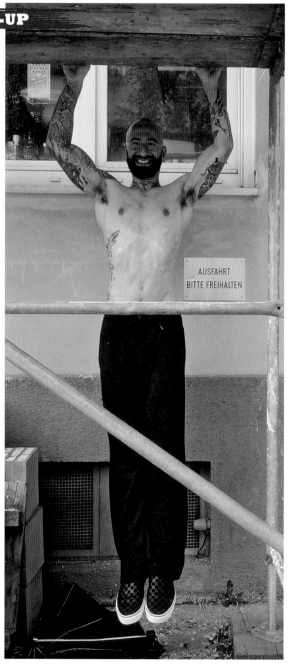

AUSFAHRT
BITTE FREIHALTEN

PULL-UP/CHIN-UP

プルアップ／チンアップ

　頭上にあるバーをつかむ。体幹を緊張させ、肩甲骨を下後方へと引いて腕を曲げ、バーに向けて胸を引き上げる。一時静止する。体が揺れないように腹筋をかかわらせながら、制御しつつ体を下ろしていく。すべての動作中、脚をまっすぐ揃え続けるが、初心者は足首をクロスさせて緊張をつくり出すといい。言うまでもないが、バーにぶつけないよう、頭を少し後ろに傾かせる。しかし、胴部は大きく前後に移動させないようにする。

　フレックス・ハング同様、ほとんどの人にとって、アンダーハンドグリップ（別名チンアップ）でやる方が難しくない。アンダーハンドでやるときとオーバーハンドでやるときでレップス数が違ってくるのは、かかわってくる筋肉が変わるからだ。アンダーハンドグリップにすると腕をより使うことに

なるが、オーバーハンドグリップにすると、上背部の筋肉をより使うことになる（両グリップとも両方の筋肉グループに働きかけはする）。チンアップから始めて、数レップスが可能になったらプルアップを始める。練習を重ねると、アンダーハンドグリップとオーバーハンドグリップ間のレップス数の不均衡が解消されていく。

　また、アンダーハンドでやるときは、オーバーハンドでやるときよりも、グリップ幅を狭く取るのが普通だ。チンアップでは肩幅よりも少し狭く、プルアップでは肩幅よりも少し広く両手を位置させることになる。

WIDE GRIP PULL-UP
ワイドグリップ・プルアップ

　グリップを広く取ると肘があまり曲がらなくなり、広背筋をはじめとする上背部の筋肉に負荷が多くかかるようになる。ほとんどの人にとって、標準的なプルアップよりも難しいものになる。

NARROW GRIP PULL-UP

ナローグリップ・プルアップ

　標準的なプルアップとチンアップに慣れたら、プッシュアップと同じように、手の位置を変えると楽しめる。グリップを狭く取ると、腕、特に上腕二頭筋と前腕に焦点が移動することがわかる。

MIXED GRIP PULL-UP

ミックスグリップ・プルアップ

　片方の手はオーバーハンド、もう片方の手はアンダーハンドでバーをつかんでやるのがミックスグリップ・プルアップだ。胴部を安定させて前を向き続けていられるかどうかのチャレンジになるバリエーションだ。チンアップからプルアップへの移行に苦労している初心者にとっての便利なツールにもなる。

NEUTRAL GRIP PULL-UP

ニュートラルグリップ・プルアップ

　両手を向かい合わせてプルアップした方が、オーバーハンドやアンダーハンドでやるよりも、肩や肘の関節を快適に使うことができる人もいる。このバリエーション（ニュートラルグリップ・プルアップと呼ばれている）をやるには、平行に位置する2本のオーバーヘッドバーが必要になる。標準的なプルアップが問題なくできる人も、少し異なる角度から筋肉に負荷をかけるこのグリップにトライしてほしい。

コマンドー・プルアップ

　一つ前のニュートラルグリップ・プルアップに似ているが、一本のバーを
ナロー・グリップにしてつかむ点が違う。そのため、体がバーと同じ方向を
向く。バーを通過するとき、横に体を引き上げる点がユニークだ。各レップ
で、バーを通過する頭を、バーの右側、左側へと切り替えるようにする。

　コマンドー・プルアップをやるときは、セットごとに、手の位置を代える
とよい訓練になる。たとえば、最初のセットで右手の方に顔がより近づくと
したら、2セットめでは左手に近づくようにする。そのため、このやり方を
採用するときは偶数セットやることになる。

HEADBANGER PULL-UP

ヘッドバンガー・プルアップ

　ヘッドバンガー・プルアップは、バーのすぐ下に顎を位置させたところから始める。脚を伸ばしてバランスを取りながら、バーから体を遠ざけていくことが目的になる。体重を使った上腕二頭筋カール（プルアップ）と同じように、ヘッドバンガー・プルアップも優れたコアエクササイズになる。

BUILD A MONSTER GRIP

モンスターのようなグリップを

　プルアップを含めたバーを使った動作をやるときに、どんな表面を"引く"かによって違うグリップができていく。太いバーを使うほどグリップが強くなる。創造的になれば、周囲には、たくさん"引く"ものがある。その一つ一つが、筋肉たけでなく、皮膚、骨、結合組織をつくる"獲物"になる。

BEHIND THE NECK PULL-UP

ビハインド・ザ・ネック・プルアップ

　上半身の筋力に加え、肩と上背部の可動性が求められるバリエーション。筋力や関節可動性がないと両肩に強いストレスがかかるので注意してほしい。無理がなければやる価値があるバリエーションになる。

L PULL-UP
Lプルアップ

　プルアップ中、上半身に対して脚を90度の角度に保つと、もともと困難なエクササイズがさらに挑戦的な内容になる。この姿勢を維持しながら体を引き上げると、腹筋、股関節屈筋、大腿四頭筋にも大きな負荷がかかるようになるからだ。動作域を通じてバランスが変化するものの、体をゆっくり動かせば制御可能だ。

ARCHER PULL-UP
アーチャー・プルアップ

　片方の腕をまっすぐにし続け、"引く"作業の大部分をもう一方の腕で行う高度なバリエーションだ。極端に手幅を広げたワイド・プルアップをやるような感じで始め、片方の腕だけを曲げ、顎をバーの上に引き上げる。一方の腕をまっすぐにしたまま、曲げている腕の側に胴部を移動することになる。バランスを取るために、両脚を少し横に伸ばす。まっすぐにしている腕の手首の可動性によっては、動作域のトップで、そちら側の手を開いてバーの上を転がした方がいいかもしれない。

　うまくできない場合は、まっすぐにしている腕をわずかに曲げるとエクササイズが容易になる。そうする場合、トップに達したら腕を完全に伸ばし、そこからネガティブ（スタートポジションに戻るプロセス）に入るようにする。やがて、腕を曲げる必要がなくなるだろう。

　他のプルアップバリエーション同様、負荷をかける腕をアンダーハンドグリップにする方が簡単だと感じる人が多い。

ONE ARM HANG

ワンアーム・ハング

　片腕でバーからぶら下がると、グリップが強くなり、安定した肩になって
いく。また、ワンアーム・プルアップに向けての出発点にもなる。ぶら下が
っている間、広背筋と肩をかかわらせることに集中する。練習のし始めは、
数秒間キープするのも難しいが、繰り返し練習していれば、片腕で長くぶら
下がっていられるようになる。近所に雲梯があったら、肩を安定させるため
の追加ワークとして、スイングしながら渡っていく練習をするといい。

スイングしながら雲梯を渡っていくことが
追加のワンアームワークになる

ONE ARM FLEX HANG
ワンアーム・フレックス・ハング

　バーの上に顎を出したプルアップのトップポジションで全身を緊張させ、慎重に片手を外す。アンダーハンドグリップでやると、バーを体の中心近くに保つことができ、力学的に有利になる。片方の腕に全体重がかかっているように見えるが、胸筋、広背筋、腹筋も同じように重要な役割を果たしている。

　初めて試す人のほとんどが、片方の腕を外した途端に落ちる。数回そうなっても落胆しないでほしい。落ちないようにするには、腕だけに意識を集中させないことだ。全身、特に腹筋を強く緊張させることに集中する。体幹近くに脚をたくし込んだところから始めると簡単になる。そこから、脚を完全に伸ばした姿勢で始めるハングを目指す。

ワンハンデッド・プルアップ

　片方の手でバーをつかみ、その腕の手首をもう一方の手でつかんで体を引き上げれば、自助式のワンアーム・プルアップの練習ができる。このやり方はワンハンデッド・プルアップと呼ばれている。片方の腕だけでバーからぶら下がるが、補助に使う腕が体を引き上げる助けをしてくれる。補助に使う手を肘に向かって少しずつ下げていくことがプログレッションになる。手首から遠ざかるほど、主に体を引き上げている方の腕の作業量が増える。最終的には、補助する腕を必要としなくなる。

ONE ARM NEGATIVE

ワンアーム・ネガティブ

　ワンアーム・フレックス・ハングのトップポジションを数秒間保てるよう
になったら、ワンアーム・ネガティブへのトライが可能になる。ワンアー
ム・フレックス・ハングのトップポジションから、可能な限り勢いを殺しな
がらデッドハングに至るまで慎重に体を下げていくエクササイズだ。ワンア
ーム・プルアップで体験することになる腱や靱帯へのストレスに備えさせる
ものになり、一風変わった動作パターンに中枢神経系を順応させるものにも
なる。

　初回は、おそらく石のように落ちる。練習し始めの頃は、（体を下ろす）
ネガティブをやっているとは考えず、空中に体を維持することに注力し、体
を下ろす作業は重力に任せるようにする。フルハング（ボトムポジション）
に近づくほど、降下する体のコントロールが利かなくなる。この1センチ1
センチを征服していくことでワンアーム・プルアップが近づいてくる。

ONE ARM PULL-UP
ワンアーム・プルアップ

　すべてのプルアップのグランパが、ワンアーム・プルアップだ！ これが
できるようになるのは10万人に1人と言われている。しかし、それは途中で
諦めるからだ。時間と労力を費やす意欲があり、健康で丈夫な体さえあれば、
片腕で体を引き上げることがいつかは可能になる。

　ワンアーム・プルアップに向けて作業を開始する前に、両腕でやるバリエ
ーションのすべてに慣れてほしい。まずは、弾みを使わずにやる、1セット
15レップスの厳格なオーバーハンド・プルアップをクリアする。理想的に
は20レップスだ。これがワンアーム・プルアップに向かうパスポートになる。
ワンアーム・プルアップの探求に着手する前に、アーチャー・プルアップ、
ワンアーム・ハング、ワンアーム・ネガティブに慣れていることも助けにな
る。

　片方の腕で体を引き上げるという不均衡な姿勢が、体幹をいくらか回転さ
せるが、これは避けられないことだ。上がるにつれて自然に体がねじれてく
る。初めは、これを利点として用い、引くときにバーに向かって回る練習を
する。こうすると、上昇時にグリップがオーバーハンドからアンダーハンド
へと回転していく。そのうち、あまり回転しなくなり、動作域のすべてで前
腕を回内位（手のひらが下に向くように前腕を回転させている状態）に保っ
たワンアーム・プルアップができるようになる。

　ワンアーム・プルアップは、やりすぎないように注意する。筋肉がショッ
クを受けるだけでなく、結合組織と中枢神経系も"揺さぶられる"からだ。
このタイプのトレーニングは、肘と肩の関節に特に大きなストレスをかける。
腱炎を避けるには、体を敬うことだ。そうしないと代償を払うことになる。

THE PLYO-MATRIX

PULL-UP JAM
プルアップ・ジャム

プルアップ・ジャムに参加したことがある人なら、バーを使ってできることに限界がないことを知っている。

プライオメトリック・プルアップをやるときは、一瞬でもいいのでバーから両手を離せるように、バーをできるだけ強く引っ張る。パワーが出るようになれば、高度を稼げるようになる。高く飛べるようになるほど、できることが多くなる。拍手したり、グリップをアンダーハンドからオーバーハンドに変えたり、足を高く上げて手でつま先に触ったり、背中に手で触ったりする。プルアップ・ジャム。それは、ルール無用の世界だ。

CHAPTER **6** *Squat* スクワット

　脚が強くなければ、あなたに強さはない。そこで終了だ。脚がパワフルな支柱として機能していなければ、自信を持ってこの世界を歩いていくことはできないし、その気になれば誰もがあなたをノックアウトできる。そうなったとき、立ち上がることも難しい。

　スクワットがユニークなのは、脚の前面にある筋肉と後面にある筋肉の両方を用いてやるものだからだ。主に、股関節、膝、足首の3つの関節と、各関節を動かす筋肉を使うことになる。ハムストリングスと臀筋が主となって股関節を動かし、大腿四頭筋が膝関節を伸展させ、ふくらはぎが足関節を担当する。スクワットは、脛骨筋、股関節屈筋、背筋、腹筋なども動員する。つまり、下半身にあるすべての筋肉を叩き起こし、上半身にも働きかけるエクササイズになる。さらに、しゃがむ人のフィットネスレベルがどんなものであろうと、やり方がある。

　ここからのエクササイズは、両脚でやるものと片脚でやるものにカテゴライズされている。十分な体験を"両脚"で積んでから、片脚でやるバリエーションに進んでほしい。スクワットは、どこまでプログレッションを進もうが、そのときの状態に合わせて難度を自由に変えることができる融通性にも優れている。

　スクワットはキャリステニクスにおいてもっとも基本的な下半身エクササイズと言えるが、"脚"を対象にしたエクササイズはそれ以外にもたくさんある。この章ではスクワット以外の主に脚を使う動作についても紹介していきたい。

TWO LEG PROGRESSIONS
ツーレッグ・プログレッション

　両脚を使ってしゃがむ。それは、両脚を使って立つのと同じくらい基本的な動作だ。すべての霊長類がスクワットをやる。実際、ヒトの幼児は歩くことを学ぶ前にしゃがむことを学ぶ。スクワットをやるときは、かかとを地につけるよう勧められるが、それは臀筋とハムストリングスが動作にかかわっていることの保証になるからだ。とはいえ、ここから見ていくように、スクワットには多くのバリエーションがあり、例外もある。

BENCH ASSISTED SQUAT
ベンチアシステッド・スクワット

　スクワット初心者は、階段、ベンチ、あるいは他の頑丈な対象物を使って動作を補うようにする。対象物に背を向けて立ち、バランスを取るために両腕を前に伸ばし、両足裏を平らに保ったまま対象物に座る。コントロールを失ったときは、後ろにある対象物が落下を防いでくれる。練習すれば、下降中の体をうまくコントロールできるようになる。少しずつ低い対象物に変えていく。やがて、対象物なしでしゃがめるようになるだろう。

POLE ASSISTED SQUAT
ポールアシステッド・スクワット

　スクワットをやる際のバランスや動作に苦労しているときは、ポールを支えにしてもいい。ポールに面して立つ（持つことができる頑丈な対象物——たとえば、ドアフレーム——であればどんなものでも可）。しゃがむとき、優しくそれをつかみ、体を下降させながら手も下にずらしていく。ボトムポジションでしばらく静止すると、健康的な関節をつくるストレッチになる。必要に応じてポールを使ってトップポジションに戻る。

SQUAT

スクワット

　両足を肩幅に広げ、体をまっすぐにして立つ。体幹を緊張させる。かかと
に向かってお尻を下げるために、股関節、膝、足首を曲げて後ろにしゃがん
でいく。顎を上げて胸を高く保つ。降下中は腕をまっすぐ前に上げるとバラ
ンスが取りやすくなる。スタートポジションに戻る前に、股関節が膝より下
にくることを目指す。スクワットの底で、ふくらはぎがハムストリングスに
押し込まれていれば理想的な動きになっている。必要以上に脊柱を丸くしな
いこと、かかとを地から離さないことがポイントになる。

　両足を平行にして前に向けた方が座りやすい人も、つま先を少し外に向け
た方が座りやすい人もいる。いずれにせよ、膝がつま先と同じ方向を向くよ
うにし、内向きに湾曲したり、外に広がったりしないようにする。

ローダウン

　関節可動域のすべてを使ったスクワットをやろうとしたとき、多くの人にとっての課題になるのが、その"可動域"だ。低いところまでしゃがめなかったら、無理なく座れるいちばん低い位置で時間を過ごすことをお勧めしたい。肘を太ももの内側に押し付けるとてこがかかって助けになる。この姿勢を習慣づけると股関節が開くようになり、より深いところまでスクワットできるようになる。

ナロー・スクワット

　狭いスタンスで行うスクワット
は、太ももの外側一帯に負荷をか
ける。そして、両足を置く幅を狭
めるほど、ボトムポジションに至
るときに、股関節、ハムストリン
グス、足首の柔軟性が必要になる
エクササイズになっていく。その
ため、完全な底を目指すことが
"可動性"へのチャレンジになる。

ワイド・スクワット

　足を置く位置に変化をつけると、
スクワット中に動員される筋肉が
変わる。足幅を広くすると、臀筋
と太ももの内側に重点が移る。こ
のパターンは、股関節のストレッ
チにもなる。さまざまな足幅を試
して、しっくりくる位置を探して
みたい。

PRISONER SQUAT

プリズナー・スクワット

　両手の指を組んで頭の後ろに置く
プリズナー・スクワットは、標準的
なスクワットと比べると少し難しい
バリエーションになる。バランスを
取りにくくなるからだ。腕の位置を
変えたことで、降下するにつれ胸全
体がストレッチされる。上背部がス
トレッチされる感じにも驚くかもし
れない。肩甲骨を引き寄せて押し下
げると、姿勢を正す助けになる。

SPLIT SQUAT

スプリット・スクワット

　片方の足を体の前方に、もう一方
の足を後方に置くスプリットスタン
スから始める。前足は地に平らにつ
けて体重をかけ、後ろ足は曲げてつ
ま先に体重をかける。
　胴部を垂直に保ち、両方の膝がほ
ぼ90度に曲がるまで体を下げ、そ
こからスタートポジションに戻る。
　前方への傾き過ぎを避けるため、
後ろ足から動作に入る感じにすると
いい。両足のほぼ中間に重心を置い
て、動作中、両足に体重が均等にか
かるようにする。

WALKING LUNGE

ウォーキングランジ

　立ち位置から始めて、前方へ大きな一歩を踏み出し、一方で後ろ脚の膝を注意深く地のすぐ近くまで下げる。後ろ足が曲がってかかとが上がっている間、前足裏は完全に平らにし続ける——スプリット・スクワットのボトムポジションと同じだ。そこから立ち上がり、前方に一歩を踏み出して両足の並びを揃える。次に、反対側の脚で以上を繰り返す。後方に向かってのウォーキングランジは前方に向かうよりも挑戦的な内容になる。

BULGARIAN SPLIT SQUAT

ブルガリアン・スプリット・スクワット

　後ろ足を階段とかベンチ、その他の対象物の上に置き、スプリットスタンスを取る。前足は、股関節の数センチ（〜10数センチ）前の地に平らに置く。両脚を曲げ、後ろ脚の膝を地に向かって下げた後、トップポジションに戻る。

　後ろ足を置く位置によって、脚にかかる体重が変化する。高い位置に置くほど前脚に求められる筋力が増し、同時に、後ろ脚の股関節屈筋が強くストレッチされる。後ろ足をかける対象物を高くするほど、ハードなエクササイズにできる。

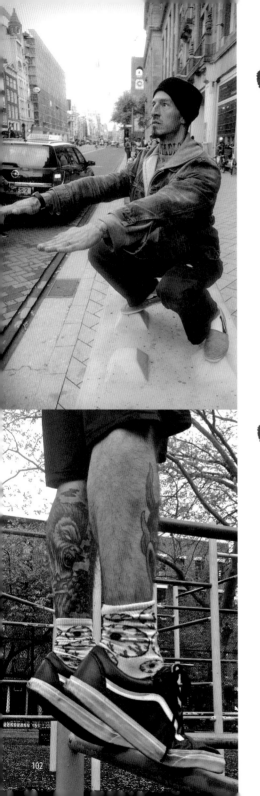

HINDU SQUAT
ヒンズー・スクワット

　つま先で行うスクワットをヒンズー・スクワットと言う。まずは、かかとを下げてやる標準的なスクワットを習得すべきだが、基礎的な筋力が脚についたら、ヒンズー・スクワットは優れたバリエーションになる。つま先に体重を乗せることで、太もの前面により大きな負荷がかかるようになり、バランスの取り方的にもユニークな動作になる。

CALF RAISE
カーフレイズ

　階段あるいは高さがある対象物の上に立ち、端からかかとをぶら下げる。つま先を押し下げ、ふくらはぎに力を入れ、つま先の先端で立つところまで体を持ち上げる。かかとを下げてスタートポジションに戻り、これを繰り返す。片脚でやると挑戦的なエクササイズになる！

ARCHER SQUAT

アーチャー・スクワット

　足幅をかなり広げたワイド・スクワットをやるつもりでスタンスを取る。両方のつま先はやや外側に向ける。ゆっくりと片方の足に体重をシフトしていき、そちら側にしゃがみ始める。もう一方の脚は伸ばしたままにする。

　底に近づいたら、伸ばしている方の足のかかとを巻き上げ、つま先を上に向ける。鼠蹊部や太もも内側が伸びる感じがする。腹筋を強く引き締め、しゃがんでいる側の足のかかとが常に地についているようにする。

SINGLE LEG PROGRESSIONS
シングルレッグ・プログレッション

　脚を鍛える強度が限られるのでは、という
キャリステニクスにまつわる誤解がある。こ
のセクションで説明するが、それは真実から
ほど遠い話だ。

　ここからのバリエーションをやるときは、
両方の脚に均等に負荷をかけることが大切だ。
レップごとに、右、左、右、左と、使う脚を
代えることが一つのやり方になる。最初に弱
い方の脚で1セットを完了させるやり方もあ
り、そうすれば、フレッシュな状態で弱い方
の脚をトレーニングできる。さらに、そのレ
ップス数を強い方の脚に適用すれば、両脚間
に不均衡が生じない。

SINGLE-LEG STAND
シングルレッグ・スタンド

　ただ片脚で立つ。それは、簡単そうに見え
るが、長くやると驚くほど難しい作業になる。
各脚10秒から始め、そこから時間を延ばして
いく。上げる脚を高い位置に保つほど難しく
なる。

　シングルレッグ・スタンドは、脚だけでな
く、無視されがちな足にある筋肉にも負荷を
課すものになる。

ステップアップ

　階段やベンチなど、膝までの高さがある頑丈な対象物の前に立つ。片方の膝を持ち上げ、足全体をその対象物の上にしっかりと置く。対象物の上にある脚が完全に伸びるまでかかとを押し下げ、ステップアップする。体を下ろして繰り返す。

DRINKING BIRD

ドリンキングバード

　片足で立ち、もう一方の脚を体の後方、地のすぐ上で空中静止させる。かかとから頭の後ろまでをまっすぐにしながら後ろ脚を伸ばし、股関節を前に曲げていく。体幹と伸ばした脚を地に対して平行にするため、下背部の筋肉をかかわらせる。体を支えている方の脚のハムストリングスがストレッチされる感じがするだろう。スタートポジションに戻るときは体幹を緊張させ、途中、体を横にひねらないように注意する。両手は体側に保つが、頭上に置けばより困難なエクササイズにできる。

　上半身を下げていくとき、体重を支えている方の脚の膝を曲げてもさしつかえない。練習すれば、膝を伸ばしたままできるようになる。

BENCH ASSISTED PISTOL

ベンチアシステッド・ピストル

　ベンチまたは膝ほどの高さがある対象物に、背を向けて立つ。片方の脚を空中に持ち上げ、両腕を体の前に伸ばし、ベンチに慎重に腰掛ける（このエクササイズの両脚バージョンと同じで、最初はバランスを失っても気にしないように）。ボトムで一時静止した後、かかとを地に押し込み、腹筋を収縮させることで体幹を引き締め、動作を制御しながら立ち上がる。

　ピストル・スクワットに向けての出発点になるのがベンチアシステッド・ピストルだ。

POLE ASSISTED PISTOL

ポールアシステッド・ピストル

　両脚でやるポールアシステッド・スクワット（P.95）のように、ポール（またはドアフレーム。体を支えることができる頑丈な対象物なら何でもいい）に面して立つ。それを軽くつかみ、片脚を空中に持ち上げる。体を支えている脚を曲げて"底"まで下りるが、下降するにつれてポールに置いた手を少しずつ下げていく。下降中、また、スタートポジションに戻るときの体を制御するために必要なだけ両腕を使う。時間が経つにつれ、腕にあまり依存しなくてもよくなる。最終的には必要なくなるだろう。ピストル・スクワットを少し楽にやるための方法になるのが、ポールアシステッド・ピストル、別名"アシストル"だ。

エレベーテッド・ピストル

　ベンチあるいは他の対象物の上に立つ。一方の脚をベンチの端から外して下方へ伸ばす。両腕を前に伸ばし、ワンレッグ・スクワットの"底"までゆっくり下りていく。このとき、伸ばした方の脚はベンチの高さより下にくる。

　伸ばしている方の脚を、スクワットしている方の足より下に位置させると、"フル"ピストルよりも力学的に有利になりバランスも取りやすくなる。必要とする股関節とハムストリングスの可動域も小さくてすむ。伸ばしている脚を下ろすほど求められる可動域が小さくなるが、数レップスうまくできるようになったら、脚を少しずつ上げていく。最終的には、地より高くピストルを保てるようになる。

PISTOL SQUAT
ピストル・スクワット

　ワンレッグ・スクワットにはいくつかの種類がある。しかし、ピストルが
ゴールドスタンダードだ。筋力、バランス、柔軟性、コントロールの完璧な
組み合わせになるからだ。

　立ち位置から、膝をまっすぐにした片脚を空中に伸ばし、体を支えている
方の脚で可能な限り低いところまでスクワットする。ボトムポジションで少
し静止し、腹筋を収縮させながらトップポジションに戻る。

　ピストル中、伸ばしている方の脚もワークしていることがわかる。脚を空
中に保つために、股関節屈筋と大腿四頭筋を協働させているからだ。"ワン
レッグ・スクワット"という用語だと少し誤解を招きやすい。

ウーシュー・ピストル

　ピストル・スクワットに向かってワークしているどこかの時点で、空中に
保ち続けようとしている脚が痙攣することがある。この問題を少なくするに
は、伸ばしている脚のつま先をつかむといい。特にボトムポジションで有効
だ。これは、脚をまっすぐ伸ばし続けられない人にも役立つ技術になる。こ
のバリエーションは、ウーシュー・ピストルと呼ばれている。足をつかむと、
体全体を緊張させるのにも役立つ。

アドバンスド・ピストル

　ピストル・スクワットが何レップスもできる筋力と制御力が手に入ったら、ピストルをチューンナップしたい。腕を前方に出すピストルではなく、プリズナー・スクワットのように手を頭の後ろに置くピストルに変えるのだ。それも容易になったら、手を背中の後ろで組む。それぞれ簡単な変更だが、力学的に変化して、エクササイズが難しいものになっていく。

RAIL PISTOL
レール・ピストル

　レールあるいはバーの上でピストル・スクワットをやると、バランス面で次元が違うレベルが問われるエクササイズになる。レール幅が狭くなるほど難しくなるので、比較的広い幅から始め、少しずつ狭いレールに移っていく。

DRAGON PISTOL
ドラゴン・ピストル

　ドラゴン・ピストルと標準的なピストルの違いは、しゃがむ方の脚の後ろから伸ばす方の脚を前方へと通すところにある。

　標準的なピストル・スクワット同様、ドラゴン・ピストルにも、強い筋力、バランス、関節可動性が求められる——とてもユニークなかたちで。この高度なバリエーションは、臀筋深部にある筋肉、股関節周辺にある筋肉、太もも内側の筋肉にかなり大きな負荷をかける。もちろん、標準的なピストルをやったときに負荷がかかるすべての筋肉にも打撃を与える。

　標準的なピストルで学んだように、最初は高さがある対象物の上でやったり、伸ばす方の脚のつま先をつかんでやったりするといい。その両方を採用することもできる。

HOVER LUNGE

ホバーランジ

　ピストル・スクワットでは、脚を体の前で伸ばす。脚を体の後ろに持っていくワンレッグ・スクワットがホバーランジだ。後ろ足が一度も地に触れないことを除けばスプリット・スクワットとかランジのように見える。そこからホバー（空中停止する）ランジという名称がついている。後ろ足を地につけないので、体の前に両腕を伸ばし、胴部を前に傾けてバランスを取る必要がある。他のスクワットバリエーションと同じで、最初はポールなどの頑丈な対象物を持って体を支えると助けになる。

SHRIMP SQUAT

シュリンプ・スクワット

　シュリンプ・スクワット（別名スケーター・スクワット）は、体の後ろで足首をつかむ難度が高いホバーランジだ。手を体の後ろに置くと、てこの仕組みが変わって、エクササイズの難度が上がる。バランスや柔軟性といった面でも難しいエクササイズになる。一方の足首を体の後ろでつかみ、片脚立ちになる。体を支えている側の股関節、膝、足首をゆっくりと曲げていき、立っている脚のかかとのすぐ後ろの地に、後ろに位置する膝が静かに触れるまで体を下ろす。

　ボトムポジションでバランスを維持するには、体を前傾させる必要がある。そこから、腹筋を緊張させながらトップポジションに戻る。後ろにある足で、その足を持っている手を押して緊張を高めると助けになる。最初やったときに倒れるのは、珍しいことではない。空中にある方の膝の下に何か柔らかいものを置くといい。

ADVANCED SHRIMP

アドバンスド・シュリンプ

　両手を背中の後ろにもっていくとシュリンプ・スクワットの難度をかなり上げることができる。このシンプルな変更がどれほど難度を変えるか驚くことになるだろう。後ろにある膝を地に打ちつけないよう、ゆっくりと体を下げること。両手を背中に置いたことによるバランスの変化に対応するために、さらに体を前傾させる必要がある。

ハワイアン・スクワット

　ピストルをやるときにはハムストリングスの可能性が、シュリンプをやるときには大腿四頭筋と股関節屈筋がもたらす広い関節可動域が必要になる。ハワイアン・スクワットで問われるのは、股関節を外旋させる際に必要にな

る一風変わった柔軟性だ。

　一方の脚の足首から膝までをもう一方の脚の上に交差させ、立っている脚で、できるだけ低いところまでしゃがむ。繰り返しになるが、必要なら、頑丈な対象物をつかんだり、ベンチに座ったりするところから始める。

　ここでも、手を前に伸ばせば、頭の後ろに手を置くスタイルよりも簡単なエクササイズになる。背中の後ろに両手を置くと難しくなるのも他のバリエーションと同じだ。

ジャンボ・シュリンプ

　高さがあるところでやれば簡単になるピストルと異なり、シュリンプを高さがあるところでやると、もともと困難なエクササイズをさらに難しいものにできる。足がある位置より膝を深く落とせるようになり、関節可動域が広がるからだ。

　この追加される可動域によって求められる柔軟性も大きくなる。立っている対象物より深いところに膝が向かうとき、その膝が前方へ進み出るに任せるようにする。

120

THE PLYO-MATRIX

JUMP AROUND
ジャンプアラウンド

すべてのジャンプがプライオメトリクスの一種と言える。ジャンプスクワットをやるときは、立っている場所を炸裂させるつもりで地を押す。そうイメージしながらやると助けになる。

プライオメトリクスはスクワットに限定されるものではなく、スプリント・スクワット、ランジ、ステップアップ、ピストルなどの多くのバリエーションに適用できる。

着地したときの衝撃を吸収するため、股関節、膝、足首を曲げることが大切だ。このレベルで脚を鍛えると、たくさんの筋繊維が燃え上がる。それが、心臓のコンディションを整え、人体で最大の筋肉群である"脚"に大量の血流を供給してくれる。

CHAPTER 7 *Flex* フレックス

　体を前へ曲げる動作は、一括りに"腹筋運動"と表現されることが多い。腹部周りの筋肉チェーンが動作の主要動力源になるのは確かだが、それを腹部ワークアウトと決めつけたら誤ることになる。エクササイズの多くで、腕、脚、胸、肩などの筋肉にも負荷がかかっているからだ。

　もちろん、腹筋の重要性を軽視するものではない。腹筋は、スクワット、プッシュアップなどをやるときだけでなく、朝、ベッドから起き出すといったささいな行動においても体幹を安定させるのに大きな役割を果たしている。"そこ"を、強力で壊れない"中心"にするには、側面にある筋肉（斜筋）や、深いところから腹部を安定させている筋肉（腹横筋）を含めた腹部すべてに負荷をかける必要がある。

　この章は、地に体をつけてやるグラウンデッドフレックスと、バーにぶら下がってやるハンギングフレックスの2つのカテゴリに分かれている。空間的な面を変えてトレーニングすると、自重力動作を左右するてこの仕組みが変わって、エクササイズの難度も変化する。

GROUNDED FLEX PROGRESSIONS
グラウンデッドフレックス・プログレッション

　ここから、横たわるか、座った状態で行うエクササイズを紹介する。初心者なら、ハンギングフレックスを始める前に、このカテゴリの最初のいくつかのエクササイズをマスターすることをお勧めする。とはいえ、高度なグラウンデッドエクササイズまで進むと、それ自体がかなり挑戦的な内容になる。

LYING KNEE TUCK
ライング・ニータック

仰向けになって手を体の横に置き、かかとを地から数センチ持ち上げる。足が地近くにあるところから、膝を胸に向かって押し込み、トップポジションで下背部がわずかに地から離れるようにする。腹部の奥にある安定装置（腹横筋）を働かせて下背部を地に向かって押し込みつつ、制御しながらスタートポジションまで脚を伸ばす。このスタートポジションは、P.38で説明したホローボディ・ホールドと基本的に同じ姿勢になる。

LYING BENT KNEE RAISE
ライング・ベントニーレイズ

仰向けになって地に足を平らに置いてから、膝を曲げ、両手を体の両サイドに置く。ヘソがあるあたりを内側に引いて股関節を地から離し、膝を胸方向に持っていく。慎重に脚を下ろし、動作を繰り返す。主に股関節を使うようにし、膝の角度は、関節可動域を通じて変えないようにする。

STRAIGHT LEG RAISE
ストレート・レッグレイズ

仰向けになり、足をまっすぐにし、両手を体のすぐ横に置く。ヘソがあるあたりを内側に引いて股関節を地から離し、まっすぐにしたままの脚を地に対して垂直になるまで上げていく。そこから、慎重に脚を下ろす。以上の動作を繰り返す。可動域のトップで股関節を上げると難度が上がる。

GROUNDED WINDSHIELD WIPER
グラウンデッド・ウィンドシールドワイパー

仰向けになり、両脚を股関節上の空中にまっすぐ伸ばす。体を安定させるために両腕を横に伸ばす。股関節と脚が地に対して45度の角度になるまで左に回す。一時静止してから、股関節と脚が向かう方向を反転させて右向きにし、地に対して45度の角度になるまで下げる。各レップで最初に下ろす向きを変える。体幹をねじる運動は、前面にある"6パック"に働きかけながら、側面にある斜筋にも負荷をかける。

SEATED KNEE RAISE

シーテッド・ニーレイズ

　ベンチ、椅子、それに類する対象物に座って両腕を横に下ろし、安定をよくするためにその対象物をつかむ。後ろに向かって背中を傾け、胸に向かって膝をたくし込む。そこから、体幹の緊張を維持しながら、膝を体の前で伸ばす。両膝を胴部から遠ざけるとき、バランスを保つために、さらに後ろに傾く必要があるかもしれない。

ベント・ニーホールド

　股関節のすぐ外側の地に両手を平らに置いて座る。両腕を伸ばし、両手を地に押し込み、膝を胸方向にたくし上げながら、両脚と上半身を空中に持ち上げる。

　地からそのポジションに到るのが難しい場合は、高さがある対象物の上で練習する。両手を置く位置が高くなると、所定のポジションに体を持ち上げる余地が生まれる。

ベント・ニーホールドは、シーテッド・ニーレイズのトップポジションに似ている。
股関節が上がり、体重を手と腕だけで支える点が異なっている。

L-シット

　地に座り、股関節のすぐ外側に両手を平らにして置く。肘を伸ばして両手を地に押し込み、まっすぐに伸ばした両脚と上半身を空中に持ち上げ、体のかたちがアルファベットの大文字"L"になるようにする。ここからL-シットというエクササイズ名がついている。

　地からこのポジションに達するのが難しい場合は、高さがある対象物を用いて練習する。両手を置く位置が上がると、所定のポジションに体を持ち上げる余地ができる。また、パラレルバーを用いると、握力を使えるようになってエクササイズがやりやすくなる。片方の膝を曲げることもエクササイズを容易なものにする。以上を参考にしながら完全なL-シットを目指してほしい。

　どんなやり方を採用するときも、両腕を体近くに保ち、肘をロックし、その肘ができるだけ後ろを向くようにする。また、全身の筋肉を使って緊張をつくり出すことに集中する。L-シットは"腹筋運動"に分類されることが多いエクササイズだが、腕と脚がどれだけ関与しているか驚くことになるだろう。

パラレルバーの上でのL-シット

高さがある対象物の上でのL-シット

V-シット

　地に座り、股関節のすぐ外側に両手のひらを平らにして置く。肘を伸ばして地に向かって手を押し込み、両脚が地に対してできるだけ垂直に近づくように、その両脚と上半身を空中に持ち上げる。そうするには、胴部を後方に傾け、股関節を前方に動かす必要があり、その結果、体がアルファベットの大文字"V"に似る。そこからV-シットという名前がついている。

　ベント・ニーホールドやL-シットと同じで、高さがある対象物を使うと、Vの字に似せて体を持ち上げるための余地ができる。また、パラレルバーを使うと体を後傾させやすくなって、脚をより垂直に近づけることができる。

"WRISTY" BUSINESS

"WRISTY" ビジネス

　型にはまらないグリップを使ってトレーニングすると、前腕に怪物的な筋力がついていく。しかし、まったくグリップを使わないでトレーニングすると、もう一段レベルが高い鍛え方になる！初心者向けではないが、以下は、手首に大きな圧力を受けても曲がらないようにしたい人、目新しくてユニークなチャレンジがほしい人に適したトレーニング法になる。ボクサーや格闘家である必要はない。

手首を支点にしたプルアップは
驚異的な前腕ビルダーになる

リスト・プッシュアップ

手のひらを上にした、リストL-シット

ワンアーム・リスト・プッシュアップ。
プログレッションはどこまでも……

DRAGON FLAG

ドラゴンフラッグ

　地やベンチに横になり、頭の後ろにある頑丈な対象物をつかむ。全身を緊張させながら股関節と脚を空中に持ち上げ、肩の上に体を垂直に立てる。コアをかかわらせることに加え、腕を使って体を持ち上げるようにする。このとき、首の後ろに向かって強く引っ張らないように注意してほしい。

　このトップポジションから、肩からつま先までの直線を維持しながら、地のちょうど上まで慎重に体を下げていき、そこで空中静止する。その後、トップポジションまで戻す。股関節のところで体が折り曲がらないように注意

片膝あるいは両膝をタックさせると動作が容易になる

する。重力に対抗するために股関節を引っ張っていると考えると助けになるかもしれない。

　フルドラゴンフラッグは両方の脚を完全に伸ばして行うが、そこに至るプログレッションとして、片方または両方の膝をたくし込むバリエーションで練習するといい。

　ネガティブフェーズだけでの練習もプログレッションになる。負荷が少しずつ増えていくので、フルドラゴンフラッグを可能にする神経系の準備が整っていく。ネガティブに自信が持てたら、体を地から数センチ浮かせた状態で静的ホールドするワークを加える。この姿勢を数秒間キープできたら、レップを数えるフルドラゴンフラッグに向かってのスタートが切れる。

ドラゴンフラッグの完全版

HANGING FLEX PROGRESSIONS
ハンギングフレックス・プログレッション

　ここからのエクササイズは、バーから（ストリートワークアウトに馴染んでいる人であれば、木、足場、街灯柱などからでも）ぶら下がって行う。ぶら下がると、体が垂直になるため重力に対して不利な体勢になる。また、対象物への接触点が両手に制限される。そのため、グラウンデッドエクササイズをやるときよりも、腕、脚、胸、肩、背中、グリップを強く巻き込んでいくものになる。

HANGING KNEE RAISE
ハンギング・ニーレイズ

　頭上にあるバーからぶら下がり、胸に向かって膝を慎重に持ち上げる。腹部を最大限かかわらせるために、トップポジションで骨盤を前傾させることに意識を集中させる。脚を下ろしていくが、このとき、脚をスイングさせたり、弾みをつけたりしないように注意する。肘をロックし、バーをしっかり握り締め、動作を制御するために体幹を緊張させる。

TWISTING HANGING KNEE RAISE

ツイスティング・ハンギング・ニーレイズ

　オーバーハンドグリップを使ってバーからぶら下がり、体幹をねじり、ね
じった方と反対側の脇の下に向かって膝を引く。腹部を最大限かかわらせる
ために、トップポジションで骨盤を前傾させることに意識を集中させる。脚
を下ろしていくが、このとき、脚をスイングさせたり、弾みをつけたりしな
いように注意する。続いて、別の側で動作を繰り返す。肘をロックし、バー
をしっかりと握り締め、体幹を固定することで動作を制御し続ける。体幹を
ねじることで、斜筋と鋸筋を巻き込むエクササイズになる。

ハンギング・レッグレイズ

　オーバーハンドグリップを使ってバーからぶら下がり、まっすぐにした脚を股関節の高さまでゆっくりと上げていく。腹筋を最大限かかわらせるために、股関節と骨盤を前傾させることに意識を集中させる。脚をスイングさせたり、弾みをつけたりしないように気を配りながら脚を降ろしていく。肘をロックし、バーをしっかり握り締め、体幹を引き締めることで動作を制御する。

TOES-TO-BAR HANGING LEG RAISE
トウトゥバー・ハンギング・レッグレイズ

　オーバーハンドグリップを使ってバーからぶら下がり、つま先がバーにそっと触れるまでゆっくり脚を上げていく。腹筋をかかわらせるために、股関節と骨盤を前傾させることに集中するが、胴部を直立させ続けることにも最善を尽くす。脚をドロすときは、その脚をスイングさせたり、弾みをつけたりしないように注意する。肘をロックし、バーをしっかり握り締め、体幹を引き締めることで動作を制御する。

PARALLEL UNIVERSE

パラレル・ユニバース

　ハンギングフレックス（ニーレイズやレッグレイズなど）は、一対のパラレルバーの間に体を直立させた状態でやることも可能だ。これは、グリップが弱い人や体を安定させる力があまりない人にとってやりやすい方法になる。ぶら下がってやるバージョンよりも簡単になるが、パラレルバーを使うことでエクササイズとしてのニーレイズやレッグレイズの価値が減じるわけではない。

ROLLOVER

ロールオーバー

　トゥトゥバー・ハンギング・レッグレイズを行い、そのまま、肩の上で体が逆さまになるまで脚と股関節を持ち上げ続ける。同時に、腕を引き、股関節をバーにかぶせながら肘を曲げてバーの反対側に回転する。直立した胴部がバーの上にある状態になる。

ハンギング・ウィンドシールドワイパー

　オーバーハンドグリップでバーからぶら下がり、トウトゥバー・ハンギング・レッグレイズと同じように、つま先をバーまで持ち上げる。トップポジションに至ったら、両脚を片側に回し始める。両脚が地に対して平行になるようにし、そこから方向を反転させ、反対側で同じようにする。体幹をねじる動作は、斜筋と鋸筋に負荷をかける。肘が曲がらないように最大限の注意を払うが、このエクササイズにトライし始めの頃は、若干そうなることが避けられない。

ONE ARM HANGING LEG RAISE

ワンアーム・
ハンギング・
レッグレイズ

　頭上にあるバーを両
手でつかみ、そこから
片方の手を慎重に外す。
残した方の手でバーを
強く握りしめ、肩、背
中、腕全体を協働させ
ながら、両脚が地に対
して平行になるまで持
ち上げていく。難度を
上げたければ、そこか
ら、つま先がバーに触
れるまで脚を持ち上げ
ていく。

MEATHOOK

ミートフック

　利き腕に向かってのウィンドシールドワイパー（P.140）から始める。両
脚が完全に横にきたら、肘に向かって股関節を持ち上げ、利き腕のところで
体を折り曲げる。股関節によって肘内側の窪みの緊張が増す"スイートスポ
ット"を探す。ここを見つけるには試行錯誤が必要だが、しばらく練習する
と、バランスが取れるスポットがわかるようになる。

体を支える腕の肘内側の窪みを股関節を使って緊張させた後、もう一方の手を外す

股関節が正しい位置にきたら、もう一方の腕のグリップを緩め始め、すべての体重を少しずつ利き腕に移していく。利き腕ではない方の手を完全にバーから離せる確信が持てたら、慎重に実行する。そこで体のバランスが取れていれば、ミートフックをやっている！　数秒間そのままにして、ゆっくりと動作を反転し、反対側でも試す。

　利き腕ではない方の腕で体を支えながら、利き腕側の手を離せない場合は、代わりに指を1～2本外してみる。練習することでミートフックをやるための筋力を少しずつつけていき、外す指を増やしていくことで完全版を目指す。

CHAPTER **8** *Bridge* ブリッジ

　作用する力には、それに等しい反作用の力が働く——アイザック・ニュートンによって定められた運動の第三法則だ。悲しいことに、フィットネス世界にはこの法則が当てはまらないところがある……しかし、そうあるべきだ！　ブリッジをやれば、せわしなく体幹を前に曲げてばかりいる"陰"に、体幹を後ろに曲げる"陽"を加えることができる。

　現代人は（パソコンなどを使いながら）前かがみになって過ごす時間が多い。そのため、歩くときも背中を丸め、頭を前に垂らすようになっている。そこに、鏡に映る筋肉の見栄えを良くする筋トレに夢中になり、鏡に映らない筋肉を鍛えることを忘れるという事実が重なっている——つまり、前述の"プル"と並んで、ブリッジがかけがえのないエクササイズになってくる。これは、全身を鍛えるという意味から考えても、見過ごされている要素になっている。ブリッジワークは、あなたが持つパワー、バランス、柔軟性に劇的な変化をもたらすものになるだろう。

　ここから説明するブリッジバリエーションは、体の後部に沿う筋肉（肩、上背部、下背部、臀部、脚）に負荷をかける一方で、体の前部に沿う筋肉（胸部、腹部、股関節屈筋）をストレッチする。筋力と柔軟性を問うてくるこのエクササイズの特質が、ブリッジを始めた人の体に応じて、以下のどちらかの状況をもたらす。筋肉ムキムキの体であれば、柔軟性が課題になる。逆に可動性に富んだ体であれば、筋力的な面が課題になっていく。

　このことが、ありふれた質問につながる。レップスを追求するブリッジがいいか、アイソメトリックホールドとしてやるブリッジがいいかだ。実は、両方とも有益だ。レップス数とセット数の追求は、筋肉を繰り返し収縮させることで筋肉を増加させる。一方、静的ホールドは、時間を使ってゆっくり

と体をストレッチすることを可能にする。それは可動性を得る上で好ましい
ものになる。両方やっても悪くないということだ。
　ブリッジには、地との接触点が異なるバリエーションがたくさんある。片
側だけを使う、あるいは非対称的なブリッジをやるときは、両側を均等にト
レーニングすることが大切だ。ゴタクはここまで。ジェームス・ブラウンの
歌詞のもじりになるが、「Take'em to the bridge!」。

みんなをブリッジへ連れていくぜ!

HIP BRIDGE

ヒップ・ブリッジ

　仰向けになり、膝を曲げ、両足裏を平らにして地につけ、両腕を両脇につける。臀部を搾って両足を地に押し込み、股関節をできるだけ高く持ち上げる。ホールドする場合は、肩甲骨を小刻みに揺すりながら動かしていき、手のひらを組み合わせる。こうすることで広背筋の後ろにくる上腕二頭筋を緊張させる。レップのために上下に動かす場合は、手を両脇に置いたまま行う。

TABLE BRIDGE

テーブル・ブリッジ

　膝を曲げて地に座り、両足は体の前の地に平らにして置く。手のひらを下にした両手を股関節の外側に置く。ここから、臀部を搾って、かかとを地に押し込み、股関節を肩の高さまで持ち上げる。肩と首をストレッチするために、頭を後方に下げて胸を押し出す。両足とそれを指している指の間の距離を広げていくと、胸と肩がさらにストレッチされる。手を置く位置を自由に変えて試してほしい。

STRAIGHT BRIDGE
ストレート・ブリッジ

　両脚をまっすぐ前に伸ばして座り、両手を股関節のすぐ後ろの地にそれぞれ置く。ここから、体を持ち上げ、ハムストリングス、殿部、下背部など、後ろにある筋肉組織を緊張させて体をまっすぐ伸ばす。頭を後ろに下げて胸を押し出し、後方を見る。上下を逆にしたプランクのようになる。手を置く位置は自由に変えていっていい。

SHOULDER BRIDGE
ショルダー・ブリッジ

　仰向けになり、腕を体に沿って伸ばして手のひらを地につけ、脚を揃えてまっすぐ伸ばす。膝を曲げずに、掘るようにかかとを地に押し付け、肩に体を乗せる。必要であれば腕で押し、両足から両肩にかけてのアーチをつくる。最終的には、両腕を地から離してアーチをかけられるようになるが急いではならない。このブリッジバリエーションは、写真から想像するよりも難しい。

CANDLESTICK BRIDGE

キャンドルスティック・ブリッジ

　ヒップ・ブリッジ（P.147）を片脚でやるバージョンだ。筋力的な要求が倍になり、バランスの取り方が難しくなる。仰向けになって、膝を曲げ、足裏を平らにし、両腕を体の両脇に置く。片方の脚をまっすぐにして股関節の真上まで持ち上げ、反対側の足を地に押し込んで体を空中に上げる。初心者は最初にヒップ・ブリッジを行い、ヒップ・ブリッジを安定させてから片脚を持ち上げるようにする。

CANDLESTICK STRAIGHT BRIDGE

キャンドルスティック・ストレート・ブリッジ

　ストレート・ブリッジ（P.149）を片脚でやるバージョンだ。両脚をまっすぐ前に伸ばして地に座り、両手を股関節のすぐ後ろの地に置く。片方の脚を空中に上げてから、もう片方の脚を下向きに押し、両肩、股関節、両足首が一直線になるよう股関節を持ち上げる。頭を後ろに下げ、胸を押し出し、後ろを見る努力をする。通常のストレート・ブリッジを行い、そこで片脚を持ち上げて同じポジションに入ってもいい。他の多くのエクササイズでも同じだが、均衡状態から接地点を減らすと、負荷が高まり、バランスを取るのが難しくなる。

NECK BRIDGE
ネック・ブリッジ

　仰向けになって膝を曲げ、足裏を平らにし、手のひらを下に向けて頭の両脇に置く。背中を押し上げ、頭頂に体重がかかるようにする。必要に応じて両腕で補う。しかし、できるだけ、両脚、臀部、背中に負荷を受け持たせる努力をする。体重の大部分を頭蓋骨で支えることになるので、このエクササイズは首の筋肉を強化する。腕で補うネック・ブリッジに慣れたら、手を離すことが次の挑戦になる。胸を前に押して背骨をアーチ型にすることを忘れないようにする。

FOREARM BRIDGE

フォアアーム・ブリッジ

　頭頂だけを地につけたネック・ブリッジのポジションから、両方の前腕と肘を地に向かって下げ、両手を頭の後ろに持っていく。その方がやりやすいなら、指を組むか、手のひらを平らにして地に置く。前腕が地についたら、胸を押し出し、肩を肘の上に持っていく。（そうできればだが）ここから頭を地から持ち上げ、胸を押し出し続けて上背部と肩のストレッチを強める。

BACK BRIDGE

バック・ブリッジ

　仰向けになり、膝を曲げ、足裏を平らにし、頭の横に手のひらを下にして置く。両手と両足を地に押し込み、背中を反らせて胸を上に向かって押し出し、股関節を空中に上げる。トップポジションで両肘を完全にロックさせる（練習し始めの頃は、肘が少し曲がってもいい）。

　そこから、脊柱で描く弧を維持するが、このとき"腰部"に強く主張させないようにする。上背部が硬い場合（そういう人は多い）、特にこの点に留意する。柔軟性があるほど、両手と両足を近づけることができる。

ONE LEG BACK BRIDGE

ワンレッグ・バック・ブリッジ

　バック・ブリッジをやるとき接地点を減らすと、筋力とバランスに対する要求度が増す。ワンレッグ・ブリッジに近づく方法は２つある。最初にバック・ブリッジに入ってから片方の脚を慎重に持ち上げるやり方はそれほど難しくない。その脚を下に戻し、持ち上げる脚を切り替える。最初に一方の脚を持ち上げてから、別の脚だけを使ってブリッジに入るやり方は難度が高くなる。

ONE ARM BACK BRIDGE

ワンアーム・バック・ブリッジ

ワンレッグ・ブリッジと同じように2つの入り方がある。
繰り返しになるが、それほど難しくない方は、最初にバッ
ク・ブリッジに入り、そこから片方の腕を慎重に持ち上げて
ホールドするやり方だ。その腕を地に戻してもう一方の腕を
持ち上げればいい。片方の腕だけを使ってブリッジに入るや
り方の方は、かなり難度が増す。スタンスを広く取ると、少
しやりやすくなる。両足を置く場所を離すほど安定する。

GECKO BRIDGE

ゲッコー・ブリッジ

　片方の腕と片方の脚でホールドするブリッジはゲッコー・ブリッジと呼ばれている。このブリッジをやる際に求められるバランスと安定性はかなりなものになり、後部チェーンに強い筋力が求められる。時間をかけてアプローチしていくことをお勧めする。最初に片腕を上げ、次に反対側の脚を持ち上げる方がやりやすいと言う人がいる一方で、最初に脚を持ち上げる方がやりやすいと言う人もいる。

　ゲッコー・ブリッジは、通常、右脚／左腕、あるいは、左脚／右腕で行うが、同じ側の腕と脚を持ち上げるパターンもある。やがて、腕と脚を同時に持ち上げ、より長い時間それをホールドできるようになる。最終的には、スタート時に片腕と片脚を持ち上げ、そこからゲッコー・ブリッジに入ることが可能になる。手と足をどこに置くとやりやすいか、いろいろ試してほしい。

BRIDGE ROTATION

ブリッジ・
ロテーション

　地に座った状態で、手をそれぞれ
体の横に置き、両膝を曲げ、目の前
の地に足裏を平らにして置く。手を
後ろ側に向けて体から離し、尻を浮
かせて、片方の腕を空中に上げる。
ゆっくりと反対側の手のひらの上で
体を回転させ始め、そのまま空中に
ある手を地に持って行き、バック・
ブリッジのポジションに入る。この
とき、両肘を曲げなければならなく
なるだろうが、その屈曲を最小限に
抑えるようにする。ブリッジに入っ
たら、スタートポジションに戻るか、
最初に上げたのとは反対側の腕を持
ち上げて、もう一方の手のひらの上
で体を回転させて戻る。

WALL CRAWL

ウォール・クロール

　壁に背を向けて数フィート離れたところに立つ。下背部に両手を置いて、頭を後方に下げ、できるだけ体を曲げて後ろを見る。壁が見えたら、両腕を伸ばして頭上を越えさせ、両手を壁に押し付ける。体を支えながらゆっくりと壁をつたって下りていき、バック・ブリッジをかける。しばらくホールドした後、手を使って壁の上へと這い上る。上に向かいながら、コアと脚を使って——腕に頼りすぎないで——壁から体を引き離す。最初は母指球に乗らないとできないかもしれないが、足裏を平らにしてやることを目指す。

STAND-TO-STAND BRIDGE

スタンドトゥスタンド・ブリッジ

　壁なしで行うウォール・クロールが、スタンドトゥスタンド・ブリッジだ。背筋を伸ばし、股関節を前に押し出し、できるだけ後方へと曲がる。背後にある地が見えたら、地へと手を伸ばす。手が地に触れた瞬間にそれを押して体を支えられるように準備する。ここを誤ると、頭を地に衝突させる危険が生じるので、心してほしい。

　このバック・ブリッジのポジションから、両腕で地を押し込み、股関節をつま先上に向けて動かし、すべての体重を両足に戻す。一方の腕をもう一方の腕よりも先に空中に伸ばしたり、てこがよくかかるように、母指球に乗ったりすると助けになる。かかとを地につけてやることが最終的な目標になる。

THE PLYO-MATRIX

KIPPING UP
キップアップ

プライオメトリクスにできるエクササイズは、プッシュアップなどのよく知られた筋力トレーニングに限らない。アーチをきちんとかけるわけではないのだが、それでも、キップアップはブリッジの爆発的なバリエーションだと考えられている。全身の調整能力と爆発的なパワーが問われるドリルであり、観ている人を魅了する動作になる。

仰向けになって、両手のひらを頭の両側にある地の上に平らに置く。両肩に向かって両腿を巻き上げ、腕と手を使って体を押し上げつつ、脚を蹴り上げる。股関節を爆発的に跳ね上げ、足を地につけ、完全に立つ。タイミングがすべてだ。

III

SKILL & TRICK

スキル&トリック

　最初に。ここからのエクササイズにトリックはない。目を奪われる動作の中に、筋力と技術の熟達を見ることができる。そこには、障害を乗り越えてきた努力、練習量、忍耐が反映されている。

　ある種の"ハック"さえあればできる動作だと陰口を叩く者もいる。機能的筋力や絶対的なパワーを表すものではないと――。しかし、その意見は真実からほど遠い。これらの動作は"ハック"できるものではなく、技術的にも筋力的にも、奪い取っていくものになる。マッスルアップも、ハンドスタンドも、ヒューマンフラッグも、時間をかけてハードにトレーニングする必要がある。技術は学ぶがそこにお気軽なトリックはない。

　スキルトレーニング＝練習だ。一貫性と努力が鍵を握るのは、外国語や楽器を学ぶときと変わらない。もちろん、頻繁にトレーニングした方がよいのだが、その過程で何度も"失敗"することになる。しかし、それは"失敗"ではない。定期的に動作パターンを"リハーサル"しているだけだと考えてほしい。姿勢が正しかったか、空間の中でどう動いたかの確認を自分でするのは難しいので、ビデオを撮るか、だれかにスポッターを頼むと進歩が加速するだろう。

　スキルを学ぶことの利点は、学ぶ過程で、筋力が増えたり、全体的なフィットネスが高まったりするところにある。さらに、ほとんどの人にとって、レップス数×セット数という数字的なゴールを追いかけるより、スキルトレーニングに熱中する方が楽しいものだ。"トリック"と呼ばれるものがあるとすれば、一見不可能に思える動作の完成を目指して、それを追求する日、月、年が、その正体になる。

　このパートは、フロアホールド、バームーブ、ヒューマンフラッグの3つのカテゴリに分類されている。各エクササイズの難度は、おおよそ順序通りに示されているが、そうは感じない人もいるはずだ。試みる人それぞれが各自の強さと弱さを見つけるものになるだろう。

CHAPTER 9 *Floor Holds* フロアホールド

　自分の体と、体の下にある地球以外なにも使わずにトレーニングする。その純粋なミニマリズムは、原初的でシンプルな動作を味わいながら、自分が動物であることを思い出すものになる。

　この章に含まれるエクササイズは、4つのカテゴリに分かれている。最初のフロッグ、クロウ、クレーンは、手を使って体をバランスさせる動作の入門コースになる。ヘッドスタンド＆ハンドスタンドは、もっとも基本的なものからもっとも高度なものへと向かう"倒立"の包括的なガイドになっている。骨格的な解剖学と身体的な気づきを用いてバランスを見つけるエクササイズがエルボーレバーだ。プランシェは、筋力、正確性、スキル、そして不屈の精神をもっとも高度なフォームで表現するホールドになる。

　繰り返してトレーニングする準備はできているだろうか？

FROG, CROW AND CRANE PROGRESSIONS
フロッグ、クロウ、クレーンのプログレッション

　体を完全に反転させるエクササイズ（ハンドスタンド、ヘッドスタンドなど）と比べ、地の近くに体を位置させるエクササイズをここから紹介したい。丈を低くすることによる力学的有効性を利用しつつ、基本的なものから非常に高度なものまで漸進的に進んでいける構成になっている。

　フロッグ、クロウ、クレーンはヨガに由来する動作だ。異なるスタイルや動作を融合するところにストリートワークアウトの大きな特徴がある。キャリステニクス、ブレイクダンス、マーシャルアーツ、そしてヨガ！ それらすべてが自重力トレーニングだ。分類法にかかわらず動くように体は動くので、

動作を過剰に分類する必要はないということだ。これらのエクササイズをやるには一定のスキルが必要になるが、手、腕、肩、コアに基礎筋力がなければ上達はかなわない。

FROG STAND
フロッグ・スタンド

　ディープスクワットの"ボトム"ポジションに入る。肩幅よりも少し広く取った手のひらを、地の上に平らにして置く。肘を後ろに曲げて太ももの内側に当て、ふくらはぎを上腕三頭筋に当てる。両腕が、下半身を支える棚のようになる。腕と脚の接触面積が大きくなるほど、バランスが取りやすくなる。ここから、およそ90度になるまで肘を曲げ続け、体重をすべて前方に傾け、両足を地から持ち上げる。バランスを保つため、両手の間ではなく、両手の前にある地を見るようにする。

CROW HOLD
クロウ・ホールド

　ディープスクワットの"ボトム"ポジションに入る。ほぼ肩幅に取った手のひらを、地の上に平らにして置く。肘を後ろに曲げ、膝だけを上腕三頭筋に当てる。ここから、すべての体重を前方に傾け、両足を地から持ち上げる。バランスを保つため、両手の間ではなく、両手の前にある地を見るようにする。クロウ・ホールドはフロッグ・スタンドに似ている。両手を置く位置が少し近くなり、両肘の曲がりが少なくなるところが違う。

CRANE POSE
クレーン・ポーズ

　ディープスクワットの"ボトム"ポジションに入る。ほぼ肩幅に取った手のひらを、地の上に平らにして置く。肘は完全にロックし続け、柔軟性が許す限り、上腕三頭筋のできるだけで高い位置に膝を置く。脇の下まで持ち上げるのが理想だ。ここから、すべての体重を前に傾けて、両足を地から持ち上げる。バランスを保つため、両手の間ではなく、両手の前にある地を見るようにする。また、肘が曲がらないよう、手首を前に向かって傾かせる必要がある。かなりの強度と柔軟性が手首に求められることになる。

サイド・クロウ

　ディープスクワットのボトムポジションに入る。体を片側にひねり、両腕が片方の脚の外側にくるように両手を置く。クロウ・ホールドと同じように、両肘を脚がある方向に曲げるのだが、ここでは、片方の脚だけを膝の近くと股関節のそばの2か所で接触させる。股関節を持ち上げ、膝を重ね合わせて体重のすべてを両手に移動させる。

　このバリエーションをやる柔軟性を持ち合わせていない場合、両手をさらに離して接触ポイントを肘だけにするところから始める。股関節を持ち上げて体重を手に移す前に、肘が太もも中央に当たるようにする。サイド・クロウは両側で均等に練習するようにする。

ワンレッグ・クロウ

　均衡状態から一方の脚を除くと、バランスと筋力の両面でクロウの難度をすばやく簡単に高めることができる。基本的なクロウ・ホールドから始め、片方の脚を腕から慎重に外し、それを重心に運ぶ。うまくバランスが取れたら、外した脚を伸ばすことで難度をさらに高めることができる。

ワンアーム／ワンレッグ・クロウ

　ブレイクダンスの世界で"エアベイビー"という名で知られているワンアーム／ワンレッグ・クロウは、キャリステニクスの中で、もっとも挑戦的かつ視覚的に印象的な動作の一つだ。

　ワンレッグ・クロウから始めて、脚が接触していない方の手から体重を慎重に除いていき、体を支えている方の腕に股関節を垂直に積み重ねていく。最後の一本が残るまで、接地点から一本ずつ指を外しながら、体を支えている方の手へと少しずつ体重を移していく。練習を重ねると、最後に残った指を地から浮かせて離し、片方の手ですべての体重を支えることができるようになる。

　この動作には、強い筋力と的確なバランス能力が求められる。体重を片側に移していくときに、体を支えている腕で地を能動的に押し離す感じにする。

HEADSTAND & HANDSTAND PROGRESSIONS
ヘッドスタンド & ハンドスタンド・プログレッション

　筋力がなくても"スキル"さえあればできる。キャリステニクスの世界において も、ハンドスタンドは、そう軽視されることがある（無視されることもある）。しかし、保証する。腕、コア、胸、背中、そして、特に肩と僧帽筋にパワーがないと、頑丈なハンドスタンドにはならない。実際、自重力エクササイズを始めたアスリートは、時間とともに自分の肩がセンセーショナルなものになっていくことに驚く。それは、ハンドスタンドとそのバリエーションがもたらすものだ。ハンドスタンドをやるには、地に手を平らに置いて腕を伸ばし、逆にした全身を支えて、頭上にある地を強く押し続ける筋力が必要になる。もちろん、スキル的な要素も大きい。

　両腕に加えて"頭"も接地点になるヘッドスタンドは、ハンドスタンドに至るまでの漸進的ステップと見なされやすい。しかし、それ自体で追求すべきエクササイズだ。ハンドスタンドもヘッドスタンドも、世界が上下逆さに見えるので、空間適応する能力、バランスを取る能力が必要になる。ここからの逆さまの世界では、筋力とスキルの両方が欠かせないものになる。

　ハンドスタンドやヘッドスタンドをやると心臓が頭の上にくるので、血流が逆になる。このことが、循環系と免疫系を活性化する。それだけでなく気分をよくしてくれると言う人が多い。

トリポッド

　ディープスクワットのボトムポジションに入る。ほぼ肩幅に取った手のひらを、目の前の地に平らに置く。肘を曲げ、両手の間ではなく両手がある位置より向こうに頭頂を置く。各々の手のひらと頭の3つの接地点で三角形を形づくることがトリポッドというエクササイズ名の由来になっている。股関節を肩の真上に位置させ、膝を腕の裏側に乗せる。腹部と下背部の筋肉を協働させながら、腕の上にある膝を持ち上げる。膝をたくし込んだ倒立のような姿勢になる。このように、体の長さを短くすると、バランスを取りやすくなる一方で、完全に逆さになった感覚を得ることができる。

TRIPOD HEADSTAND

トリポッド・ヘッドスタンド

　トリポッドの姿勢を取り、両腕の上にある両脚を持ち上げて、慎重に伸ばす。体を完全に伸ばすために、臀筋を搾って脚と協働させる。バランスを保つために、肩、腕、手を使って地を押し込むようにする。ひっくり返るのが心配なら、最初は壁に背を向けて練習すればいい。

ELBOW HEADSTAND

エルボー・ヘッドスタンド

　頭頂部を地に置いて頭の後ろで指を組む。両肘は、横に広げるのではなく肩の前の地に置き、そのまま前腕を接地させる。両足を接地している頭に向かって運び、股関節を肩の上に上げる。股関節が十分に高いところにきたら、脚を持ち上げるか蹴り上げ、体をまっすぐにさせる。ひっくり返るのが心配なら、最初は壁に背を向けて練習すればいい。

STRADDLE HEADSTAND

ストラドル・ヘッドスタンド

　トリポッドまたはエルボー・ヘッドスタンドの姿勢から脚を広げると、長時間のホールドが容易になる。脚を横に出すと体の長さが短くなり、同時に重心が下がる。この2つの要素がバランスを取りやすくする。脚を広げると、頭にかかる体重がいくらか減り、下背部からくる圧力も和らぐ。

ULTIMATE HEADSTAND

アルティメット・ヘッドスタンド

　頭蓋骨以外の接地点なしでの倒立。それは、究極の進歩を示している。ト
リポッド・ヘッドスタンドから始め、頭と指先だけで支えるところまで、体
重を手のひらから除いていく。それができたら、指を離す実験を始める。左
ページで説明したように、脚を広げることが役に立つ。たくさんの試行錯誤
が必要になるが、すべての体重を頭に移動させて、地から完全に手を離せる
瞬間がくる。アルティメット・ヘッドスタンドをやるには、極めて強い首と
優れたバランス力が必要になる。１秒保てるようになるまでに多くの練習が
必要になるだろう。

ウォール・ハンドスタンド

　ハンドスタンドトレーニングの最初のステップは、脚を蹴り上げ、背中を壁に向けてのハンドスタンドを保つ練習になる。これをやるには、壁から10数センチ離れた地に手を置いて脚を蹴り上げるか、腕を頭上に上げてから、

地に手を置き、一気にハンドスタンドの姿勢に移る。どちらの方法を取るに
せよ、ハンドスタンドの姿勢に入ったら能動的に肘を伸ばし、地を押し続け
るようにする。そうしないと、倒れる。心配なら、頭の下の地に柔らかいも
のを置くようにする。次の段階に進む前に、壁に向かってのハンドスタンド
が少なくとも30秒間保てるようにする。

HANDSTAND FACING THE WALL

ハンドスタンド・フェーシング・ザ・ウォール

　両足を壁に当てたプランクの姿勢から始め、両手を少しずつ壁に向かって這わせながら、歩くように両足を壁の表面沿いに上げていく。手のひらをできるだけ壁に近づけていき、体全体を伸ばして地から押し離す。体が可能な限り壁に近づいたら、肩をすくめ、壁に向かって胸を押し付け、つま先をつける。壁に面しながらハンドスタンドを練習することは、ジムナスティック（体操）スタイルのハンドスタンドの感触をつかむ助けになる。

　壁から体を下ろすときは、体を上げたときと逆の動作を行う。あるいは、脚を側方転回させる。

FOREARM STAND

フォアアーム・スタンド

　ひざまずき、手のひらを下にした前腕をほぼ平行にして地の上に置く。両手の間を見ながら両脚を空中に蹴り出す。この際、肘と手の間にあるバランスするところを探しながらそこへ体重を移す。練習し始めの頃は、壁を使って体を支える。

　エルボー・ヘッドスタンド（P.173）から始め、組んだ指をほどいて慎重に頭を持ち上げて両手の間を見るパターンで、フォアアーム・スタンドに入ってもいい。

　フォアアーム・スタンドは、背中をまっすぐにしたり、アーチ型にしたりしてホールドすることも可能だ。アーチ型のホールドはスコーピオン・ホールドと呼ばれている。

STRADDLE HANDSTAND

ストラドル・ハンドスタンド

　ハンドスタンド中に両脚を広げると、姿勢を保つことが少し簡単になる。脚を横に出すと、体の長さが短くなり、同時に重心が下がる。この2つの要素がバランスを取りやすくするからだ。脚を広げると、バランスポイントにかかっている体重が分散されるため、転倒する可能性も低くなる。

ARCH RIVALS
アーチのライバル

　往年のストロングマンたちは、背中を後ろに反らせるアーチ型のハンドスタンド・ホールドをよくやっていた。しかし、現代の体操界が、フラットバック（ホローボディ、P.38）でやるハンドスタンドを標準と定めたことで、アーチ型は不完全なものだと考えられるようになった。その結果、ストロングマンスタイルやアーチがかかるハンドスタンドを危険なものだと誤解している人もいる。実際は、両スタイルとも追求する価値があるものだが、やってみると、ほとんどの人はアーチ型の方に自然さを感じるようだ。背をまっすぐにするハンドスタンドは、肩の柔軟性と厳密に体を一直線にすることが求められるため、より難しいものになる（関節可動域が広い人なら、体をまっすぐにするハンドスタンドはそれほど難しいものにはならない）。ハンドバランシングは興味に合った方法で取り組めばいい。しかし、最終的には両バージョンでトレーニングすることをお勧めしたい。

　ストロングマンの多くが、アーチ型のハンドスタンドを練習したのはなぜか？　一つの仮説がある。自立型のハンドスタンドをやるときは両手の間を見ると助けになる。直下の地と視覚的につながると、自己受容性のフィードバックが得られるからだ。そして、両手の間を見ると、脊柱が自然にアーチ型になる。一方、背骨を完璧にまっすぐ保つフラットバック型のハンドスタンドでは、代わりに顎を押し込み、地平線に目を向けることになる。もう一つの理由は、頭を超えて腕をまっすぐにするのに必要な関節可動性は、ほとんどの大人が自然に持っているそれを超えている。さらに、体を整列させるフラットバック型は、それを学ぶ前に、柔軟性ワークをたくさんやる羽目になるからだ。

STRONGMAN STYLE HANDSTAND

ストロングマンスタイル・ハンドスタンド

　ストロングマンスタイルでのハンドスタンドは、前述した足を蹴り上げてのウォール・ハンドスタンドを行い、壁からかかとを少しずつ離していく練習から始める。一度に片足ずつ外しても、両足を一緒に外してもいい。

　この動作は脚や足を操作するというより、指を地に押し込み、手首を地に向かって曲げた手を使って行うと考えると助けになる。この"地をつかむ"技術は、壁から離れる練習をしていて、背中方向にひっくり返りそうになったときにバランスを修正する技術にもなる。

　ハンドスタンドの最中は、肘が横に広がるのを避け、完全にロックしたポジションに肘を保つように心がける。腕がまっすぐになれば、体を持ち上げる作業に骨格がうまく加われるようになるからだ。

　両手の上空に股関節が積まれた状態を保つ。股関節に重心がくるので、股関節が前方または後方に向かうと、体のほとんどがそれに従うことになる。

　練習を積めば、壁を支えにしなくてもよくなる。広さがある場所で、蹴り上げたり体を押し上げたりすることで、ストロングマンスタイル・ハンドスタンドが無理なくできるようになる。

GYMNASTIC STYLE HANDSTAND
ジムナスティック・ハンドスタンド

前述したやり方で、壁に面してハンドスタンドし、顎を胸に向かってたくし込む。股関節を壁から少し引いて離し、その股関節を肩の上に積む。つま先と足の甲だけが壁に接している状態になる。肩をすくめ、腹を引っ込めて臀筋を搾りながら、注意深く壁から足を離す。そのホローボディを、地に指を押し付けることで維持する。

最後には、壁を使わずに、蹴り上げたり体を押し上げたりすることで、ジムナスティック・ハンドスタンドが無理なくできるようになる。

HOLLOWBACK HANDSTAND

ホローバック・ハンドスタンド

　メキシコ式ハンドスタンドとして知られるこのバリエーションは、背中でアーチを描くだけでなく、意識的にできるだけ大きなアーチをつくることを目指すものだ。ハンドスタンドとバックブリッジを組み合わせたようなものになる。そのため、これを試みる前に、必ず、ハンドスタンドとバックブリッジの各々が無理なくできるようにしておく。他のハンドスタンドのバリエーション同様、最初は壁を使ってサポートすると助けになる。ただし、背中でアーチを描き、その先にくる脚が壁まで届く余地を考慮して、壁の少し遠くから蹴るようにする。脚の重さと平衡させるために、意識して、胸を脚から押し離すようにする。最後には、壁を使わずにホローバック・ハンドスタンドができるようになる。

PIROUETTE

ピルエット

　壁を使わないハンドスタンドを保とうとしている最中に転倒しそうになることがある。そんなときはピルエットを使って安全に脱出する。一方の手を持ち上げて体の前に置き、すぐに股関節を回転させ、両脚を一度に下ろす。体操のカートホイール（側方転回）をやっているような感じになる。恐ろしげに聞こえるかもしれないが、ピルエットは特に難しくない。実際、自然にそれが起こることの方が多い。

HANDSTAND ON PARALLEL BARS

ハンドスタンド・オン・パラレルバー

　パラレルバーの上でハンドスタンドを保つには、地の上でハンドスタンドを保つときとはちょっと違った技術が求められる。バーをきつく握ると、手を地に平らにつけるときよりもハンドスタンドのコントロールや修正がやりやすくなる。地の上でしかハンドスタンドをやっていないとしたら、パラレルバーを使ってのハンドスタンドは初回からユニークな体験になる。

　パラレルバーを使うと、倒れ始めそうだと感じたら、倒れていく方向と逆方向に手首を曲げることでバランスを補正できる利点がある。つま先方向に倒れそうになったら、肩に向けて手首を曲げて体を元の姿勢に引き戻す。背中方向に倒れそうになったら、肩から離すように手首を曲げてバランスを取ればいい。

フリースタンディング・
ハンドスタンド・プレスアップ

　バランス力、コントロール力、筋力を融合させたフリースタンディング・ハンドスタンド・プレスアップは、その人の総合的なキャリステニクス能力を示すエクササイズだ。この動作を試すには、フリースタンディング・ハンドスタンドが難なく保てること、壁を使ってのハンドスタンド・プレスアップができることが前提条件になる。

　腕を曲げたフリースタンディング・ハンドスタンド、つまりこのエクササイズのボトムポジションをホールドする練習が役に立つ。腕をまっすぐにして逆立ちするときのように両手の真ん中（あるいは、後ろ）を見るのではなく、両手の先にある地を見ることが大切だ。腕を曲げた状態でバランスを保つには、頭が手の前にくるようにしなければならない。体に角度があり、頭が地から離れることを除けば、ほぼトリポッド・ヘッドスタンド（P.173）のようになる。

　ボトムポジションから体を押し上げるには、体幹と脚の緊張を維持させながら腕を伸ばす。肘をまっすぐ伸ばしながら、視線を両手の間に移す。

ONE ARM HANDSTAND

ワンアーム・ハンドスタンド

ハンドスタンドに慣れたら、片方の腕だけで練習することで、負荷を大幅に増やすことができる。最初は、両腕バージョンを学習したときと同じように壁を使って体を支える。壁に向かって練習するだけでなく、壁に背を向けたやり方でも練習する。

　壁に向かってのワンアーム・ハンドスタンドをホールドできるようになり、フリースタンディング・ハンドスタンドも1分かそれ以上ホールドできるようになったら、フリースタンディング・ワンアーム・ハンドスタンドへのトライが可能になる。脚を広げてやると両腕を使ったハンドスタンドは容易になるが、バランス的な意味で、ワンアーム・ハンドスタンドはもっとやりやすくなる。

　ストラドル・ハンドスタンドから始め、ゆっくりと体重を片手に移していく。準備ができたと感じたら、体重を移した方ではない手を、指先だけで支えるところまで持ち上げてみる。両脚をできるだけ広げ、体重を支えている方の手の上に股関節を重ねる。そこから、補助的に使っている手の指を一本ずつ外していく。十分な忍耐と練習があれば、最後には、手を地から完全に離すことができる。

　フリースタンディング・ワンアーム・スタンドは、もっとも難しく、つかみどころがない技術の一つだ。膨大なワークなしで手に入れようとしても無理な話なのは当然だ。

ELBOW LEVER PROGRESSIONS
エルボーレバー・プログレッション

　エルボーレバーはキャリステニクスの主成分の一つであり、視覚的なデモンストレーション効果が高いエクササイズだ。地に対して水平に伸ばした体を両手のみで支え、体側に対して肘でてこをかけている。それは、正確なバランス力、全身の筋力、鉄の意志を合体させた動作だ。

　エルボーレバー・プログレッションの最初の方のエクササイズを学習するときは、ベンチや階段、または平らで高さがある対象物を使うと助けになる。両手を地に置いたときと比べて、所定のポジションまで両脚を持ち上げるためのスペースが増えるからだ。しかし、感覚さえつかめば、どんな場所でもこの動作ができるようになる！

　多くの自重力エクササイズと同じで、エルボーレバーはいくつかの異なる身体文化にルーツを持ち、この動作を"孔雀のポーズ"と呼ぶ人もいる。

　エルボーレバーはプランシェと間違われることがある。似ているように見えるが、伸ばした両腕で全身を支えるプランシェと比べ、上半身を両腕（高度なバージョンでは片腕になる）の上に置くエルボーレバーの方が容易にできる。しかし、誤解しないでほしい。エルボーレバーが難しく、並外れたエクササイズであることに変わりはない。

CLOSED UMBRELLA
クローズド・アンブレラ

　高さがある対象物の上に、足の方に指を向けた手のひらを数センチ離して平らに置く。好みで、対象物の縁を指で包むようにつかんでもいい。肘を曲げ、両腕の後ろ側に寛骨と胴部を支える"棚"をつくる。前かがみになり、肘を腹部に当てながら膝を曲げる。次に、ミッドセクションを緊張させ、両足が地から持ち上がるまで体重を前方に移動する。エルボーレバーがどんなものになるか、その感覚をつかむエクササイズだ。

STRADDLE ELBOW LEVER
ストラドル・エルボーレバー

　肘の上で体を支える感覚がつかめたら、背中をまっすぐにし、各々の脚を横に伸ばすワークに着手する。この脚を広げるエクササイズが、クローズド・アンブレラからエルボーレバーに向かう中間ステップになる。

　両脚を伸ばして胸を前に出すと、肘の角度を変えることになるだろう。肘をかなり曲げる人がほとんどだが、あまり曲げない人もいる。肘にとっての理想的な角度はおよそ130度だ。

エルボーレバー

エルボーレバーにトライするときは、ストラドル・エルボーレバー経由で向かうようにする。ストラドルの状態から、胴部を少し前に傾けながら慎重に両脚を閉じていく。バランスを崩さないようにゆっくり行う。

エルボーレバーをホールドする自信がついたら、ストラドルを省いて脚を直接持ち上げてみる。このやり方を取る場合、両足を地から持ち上げる際に、腹筋を収縮させること、下背部を伸ばすことに留意する。閉じてまっすぐにした両脚はより重く感じるだろう。

このエクササイズは、下半身の重量を相殺するために上半身を前に傾けることがポイントになる。そうしながら両肘の角度を調整する。てこの支点がウエストのすぐ下にあることを確認する。肘の理想的な角度は約130度だ。異なる位置に手を置いて試してもいい。

ELBOW LEVER SETUP

エルボーレバーのセットアップ

　エルボーレバーをやるときは、その前段階で、両肘が股関節の内側にくる必要がある。そのため、ある程度の回転能力が両肩に求められる。両腕をその位置に同時に動かしたり保ったりするのが難しい場合、あるいは、肘がスルッと外れたりする場合は、バウンドイーグルストレッチをやって関節可動性を高めるといい。

　肩の可動性が改善するまで、一方の腕は股関節の内側に置き、もう一方の腕は、体の横に置くバリエーションを試してみてもいいだろう。この片方の腕を股関節の内側に、もう片方の腕を体の横に置くバリエーションを使えば、関節可動性に問題があってもエルボーレバーが実行可能になる。

バウンドイーグルストレッチ

エルボーレバーは両腕をこう
セットアップして行う

一方の腕を股関節の内側、もう一方の
腕を外側に位置させたエルボーレバー

ONE ARM ELBOW LEVER

ワンアーム・エルボーレバー

　エルボーレバーを超えた世界へ行きたかったら、ワンアーム・エルボーレバーに向かってのワークを開始する。高さがある対象物の表面に、片方の腕を股関節の内側、もう片方の腕を外側に置いてスタートする——それは、（両腕を使っての）エルボーレバーをやる上で、肩の関節可動性に問題がある人へのアドバイスとして前ページで説明したバリエーションと同じだ。その姿勢から、体の外側にある手の指にかかっている体重を少しずつ除いていき、その体重を股関節の内側に位置させた腕に移していく。

体の外側に位置させた手でスイートスポットを探しながら指を外していく

　ワンアーム・エルボーレバーのスイートスポットを見つけるには多くの試行錯誤が必要になる。根気よく、十分に練習すれば、股関節の外側にある腕を完全に外し、片腕だけですべての体重を保てる瞬間がくる。そこから、より長いホールドに向かってワークする。

　両脚を開いた状態から始め、自由に使える腕を伸ばして体から離していけば、両脚の重さとうまくバランスさせることができる。脚を揃えて姿勢をホールドするには、バランスを取る力と安定性がかなり求められる。

スイートスポットを見つけるまでに
多くのトライ&エラーが必要になる

　　肘を臍に近づけすぎるのは誤りであり、肘と体の接触点は両腕バージョン
とほぼ同じだ。理想的な肘の位置は、人によって多少異なるが、一般的には
腰近く置くのがベストだ。バランスを保って留まるためには、体重を支えて
いる腕に向かって少しだけ体を回転させる必要がある。

並外れたバランスと安定性がなければ、両脚を揃
えてのワンアーム・エルボーレバーはできない

Park closes at
· midnight ·

アドバンスド・ワンアーム・エルボーレバー

ワンアーム・エルボーレバーをホールドするとき、自由に使える腕を外に向かって伸ばすとバランスが取りやすい。したがって、その腕を体の横に添わせて補助要素を外すとバランスを取るのがかなり難しくなる。通常のワンアーム・エルボーレバーのように、まずは、両脚を広げたところから始め、筋力と自信がつくにつれて少しずつ両脚を閉じていく。体側をつかむと、より多くの緊張をつくり出すことができる。

サイド・ワンアーム・エルボーレバー

　標準的なワンアーム・エルボーレバーのように地に向かって胴部が下向きになるのではなく、横向きになるバリエーションだ。そのため、肘を腰の外へさらに回転させる必要があり、肩に求められる関節可動性がかなりなものになる。

　標準的なワンアーム・エルボーレバーに比べ、この横向きのレバーを難しく感じる人は多い。両脚を開くことができないので、下にある膝を曲げてレバーを短くすれば少しバランスが保ちやすくなる。最終的には、両脚をまっすぐ伸ばした姿勢をホールドできるようにする。

　標準型のワンアーム・エルボーレバー同様、自由に動く手を地につけてスイートスポットを探すといい。動作に馴染んできたら、その手から体を支えている方の腕へと体重をシフトさせていき、最後に地から手を完全に離すようにする。

PLANCHE PROGRESSIONS
プランシェ・プログレッション

　すべてのフロアホールドの「ビッグカフナ」。それがプランシェだ。キャリステニクスの全エクササイズの中でも、獣じみた筋力、確かな技術力、並外れたバランス力を表現する動作の一つであることに間違いはない。

　体操にルーツを持つプランシェは、ストリートワークアウトの世界で広く受け入れられ、称賛されてきたエクササイズだ。肘を使わずに腕だけで体を支え、肩から、股関節、足までを一直線にし、地と平行に体をホールドする。先に、プランシェがエルボーレバーと混同されることがあると説明した。確かに"浮かぶ"という意味では同じだが、プランシェという"鳥"の羽は明らかに違う。腕が完全にまっすぐになり、腕以外のどの部位も体を支えていないのがプランシェだ。両足が空中に浮いているプランクのようにも見える。

　プランシェは手に入れ難い動作であり、これ以上はないほど高度なエクササイズだ。時間をかけて練習する準備を。諦めることなく、また、迷うことなく道を進んでいけばいつかはできるようになる。

PLANCHE LEAN

プランシェ・リーン

　親指以外の指と手のひらを少し外に向けて地につけたプッシュアップのトップポジションから始める。腕をまっすぐ保つために地を能動的に押しながら、手首を曲げ、さらに、つま先を前方に動かすことで、体重を少しずつ前方に向かって移動していく。肩甲骨を広げて離しながら、足にかかっている体重を減らしていき、手で可能な限りの体重を支える。フルプランシェでは、体重のすべてが両手にかかる。この姿勢は、そうするために何が必要になるかを感じさせるものになる。

タック・プランシェ

　繰り返しになるが、困難な動作をやりやすいレベルに落としたいときは、体長を短くすればいい。とはいえ、フルプランシェに向けた初期プログレッションであるタック・プランシェも、それ自体、激しい動作であることに変わりはない。腕と脚が接触しないクレーン・ポーズ（P.167）と考えればいい。

　かかとを地から離し、膝を胸に押し込んだナロー・スクワット（P.98）の姿勢を取る。少し外に向けた両手を地に置き、体重を少しずつ指や手のひらに移し始める。手首を曲げ、肩甲骨を広げ、手、腕、上半身の残りを地に押し込む。最後に、股関節を空中に上げて足を地から持ち上げ、すべての体重を手にかける。

　最初は、体長をできるだけ短くするために、下背部を丸めるといい。この感覚がわかったら、下背部を伸ばし、膝と足を体幹からさらに後ろへとスライドさせる。

STRADDLE PLANCHE

ストラドル・プランシェ

　タック・プランシェの姿勢から、手首に向かってさらに体を前へと傾かせ続け、両脚を横に伸ばす。タック・プランシェからストラドル・プランシェへの移行はかなり大きいので、時間をかけてタックを練習した後、ストラドルへ移行してほしい。今までと同様、両脚を広げれば広げるほど、力学的に有利な姿勢になる。

　ストラドル・ハンドスタンド（P.180）からストラドル・プランシェに移ることもできる。この方法を使うときは、胸を前に傾けることに心を配り、下降しながら手首を深く曲げ、地を能動的に押し続け、下降途中に広背筋を広げていく。

スコーピオン・プランシェ

　このバリエーションでも、力学的に有利にするために体の長さを短くするが、曲げた膝を、体の上、そして、体の後ろへと動かすことでそれを行う。手を少し外に向けたハンドスタンドから始め、膝を曲げ、背中で弧を描き、その姿勢のまま股関節を少しずつ下げていく。一方で胴部を前方へ傾けながら手首を曲げる。他のプランシェのバリエーション同様、肩甲骨を意識的に広げ、手と腕を使って地を押し込むようにする。

PLANCHE

プランシェ

　プランシェに近づく方法はいくつかある。

　タック・プランシェから始め、ストラドル・プランシェを経由して、プランシェの姿勢になるまでゆっくり体を伸ばしていくのが最初のやり方だ。筋肉への負荷を少しずつ増やしていけば、空中に脚を伸ばして体を地に対して水平に保つという不利な姿勢に向けて神経系を慣らしていくことができる。

　フリースタンディング・ハンドスタンドからプランシェに移ることもできる。これも、両腕への負荷を増やしながら、神経学的に"チャージアップ"していく方法になる。所定の姿勢まで体を下ろすときに胸を前方へ傾けること、手首を曲げることを忘れないようにする。繰り返しになるが、両手を外側に向けると、手首をより深く屈曲させる助けになる。

　フリースタンディング・ハンドスタンドと同じで、パラレルバーを握ってやる方が、地に手を平らにつけてやるよりもプランシェが容易になる。グリップの強さを十分使うことができ、一方で、手首の可動性はそれほど必要ではなくなるからだ。さらに、体が高い位置にくることで、所定の姿勢に体を持ち上げるまでの余地が増える。

　どの方法を採用する場合も、肘が曲がったり、股関節がたるんだりしないよう注意する。

CHAPTER 10 *Bar Moves* バームーブ

　バームーブほど「これがストリートワークアウトだ」と主張するものはない。キャリステニクスの熟練者たちも、最初は心奪われるバームーブに憧れてこの世界に誘い込まれたはずだ。私たちも変わらない。

　クールに見えるバームーブを極めるには、筋力、技術、忍耐を問われることになる。プログレッションの初期段階では、ある筋肉群を強調しているように見えるかもしれないが、上半身を完全に分離する動作にはなっていない。そこから、マッスルアップ、バックレバー、フロントレバーという全身を激しく使うエクササイズに向かっていく。

　ここから説明していく反重力的な離れ業は、空中に浮かびながら、この世の王のように地上を眺めるものになる。

MUSCLE-UP PROGRESSIONS
マッスルアップ・プログレッション

　マッスルアップは、バーワークの中級から上級へと向かう道を守る門番のようなエクササイズだ。他にはない方法で上半身全体をワークさせ、次のレベルにゲームを進めるように促す。ご機嫌に楽しいエクササイズでもある。

　プルアップとディップの単なる組み合わせに見えるかもしれないが、マッスルアップは、個性にあふれた獣のようなエクササイズだ。プルとプッシュの両方を組み合わせた上半身エクササイズはこれ以外にはない。さらに、爆発的なパワー　を生成する技術や、悪名高い手のひら返しを学ぶことになる。

EXTENDED RANGE-OF-MOTION PULL-UP

エクステンデッド・
レンジオブモーション・プルアップ

　顎がバーを越えていく申し分がないプルアップ。それが、数レップスできるようになったら、動作域を広げることがマッスルアップに向けて最初に取り組むステップになる。体全体を使って、できるだけ速くパワフルにバーを引っ張る。

　最初は、胸に向かってバーを引き下げる。それができたら腹部を目指す。最終的には、肘が手首よりも高い位置に上がる速さと力で体を引き上げられるようになる。

最初は、胸に向かってバーを引くことを目指す

それができたら
腹部を目指す

206

ネガティブ・マッスルアップ

　動作パターンのネガティブフェーズを練習することは、多くのストリート
ワークアウトエクササイズを効率的に習得するための技術になる。マッスル
アップの練習には特に役立つ。上から下へと向かうネガティブフェーズを練
習すれば、マッスルアップの動作パターンを感覚的につかむことができるか
らだ。

　ストレートバー・ディップをやるときの要領でバーの上に移動し、ディッ
プの"底"まで慎重に体を下ろしていく。この位置から、できるだけゆっく
りと、さらに体を下げ続ける。一方で、両脚を前方に伸ばし、体全体を引き
締めながら、両手がディップポジションからプルアップポジションへと回転
するまでバーをできるだけ強く搾り続ける。最初はすぐに落下するかもしれ
ない。しかし、少しずつ下りていく体をコントロールできるようになってい
く。最終的には、ネガティブで学んだ体を制御する力を、逆転させた動作
（マッスルアップのポジティブフェーズ）に応用できるようになる。

フォールス・グリップ

マッスルアップでは、プルア
ップ用のグリップからディップ
用のグリップへと手のひらを回
転させるタイミングが課題にな
る。"フォールス・グリップ"
を使うと、この課題をクリアで
きる場合がある。

　プルを始める前に手首をバーの上に乗せ、手首を転がす必要が
ないようにするのが"フォールス・グリップ"だ。手のひらと指
をカップのような形にして、親指を使わずにバーを握る。手のひ
らを地に向けるところから動作を始めるので、プルのトップポジ
ションに達した直後のプッシュをやるときに、手首が自動的に正
しい位置にきている。完璧なマッスルアップをやりたいときにフ
ォールス・グリップは特に役立つものになる。

　拳を閉じてバーの上に乗せる"極端な"フォールス・グリップ
の方がやりやすいと感じる人もいる。バーに手首の屈曲部が巻き
込まれ、より広い面積をバーの
上に置くことができるバリエー
ションだ。これは、標準的なフ
ォールス・グリップで、マッス
ルアップをやる可動性が手首に
ない人でもトライできる方法に
なる。

MUSCLE-UP

マッスルアップ

　プルアップのように始まるが、胴部がバーを超えてその上にくるまで動作を止めない。それが無敵のマッスルアップだ。プルアップをやるときよりも少し狭い手幅にしてバーを握り、体を前から後ろへとスイングさせ、バーを体のできるだけ低いところまで引き下げる。プルのトップで、胸をバーの上に乗せて、腕を伸ばす。

　マッスルアップの最初の段階にはプルアップと多くの共通点がある。しかし、2つの運動パターンは微妙に異なる。マッスルアップでは、プルアップをやるときのように肘を横方向に動かすのではなく、体の後ろに向かって勢いよく動かす。これが、グリップをより狭く取ることがマッスルアップに適している理由になる。

　バーを引く段階で、バーから離れるように体を傾けると考えることが役に立つ。こうすると、直線ではなく「S」字を描く動作パターンになり、バーの周囲で体をうまく操縦できるようになる。

　動作の開始時には、弾みを使って爆発的になってほしい。タイミングを取る感覚をつかむまで多くの練習が必要になるが、プルアップに自信があり、ここまでのステップを熱心に練習していれば、マッスルアップを手に入れることができるはずだ。

CHICKEN WINGING

チキン・ウィンギング

　マッスルアップに慣れていない段階では、片方の腕が、もう片方の腕よりも先にバーを乗り越えることがよくある。この"チキン・ウィンギング"は、練習のし始めにプルからプッシュへ移行する感じをつかむ助けになるものの、肩や肘に負担がかかる。このクセはできるだけ早くクリアしたい。

　最初は、チキン・ウィンギングしかできなくても、さほど問題にはならない。しかし、両腕を同時にバーの上に持っていくことがミッションであることを忘れないでほしい。

ストリクト・マッスルアップ

　マッスルアップが連続してできるようになったら、弾みを排除していき、確かな技術と生身の筋力しか使わない動作パターンを目指す。

　デッドハングした姿勢から、スイングしたり股関節を動かしたりしないで、脚をまっすぐ保ちながら胴部をバーの上へとプル＋プッシュするのがストリクト・マッスルアップだ。ストリクト・マッスルアップをやるときは、腹筋を引き締め、両脚を緊張させ続ける。練習中は、プルからプッシュへと移行するとき、両脚を前に伸ばすと役立つ場合がある。

リバースグリップ・マッスルアップ

　オーバーハンドグリップを使うと難しくなるプルアップと違い、マッスル
アップはアンダーハンドグリップを使うとかなり難しいものになる。手の位
置が変わることで、プルからプッシュへの移行が挑戦的なものになるからだ。
手を回転させるために、プルの最中にさらに大きな瞬発力をつくらなければ
ならなくなるだろう。また、プルからプッシュへの移行中に親指に過度の圧
力がかからないように注意してほしい。ミックスグリップ・マッスルアップ
（片方の手をオーバーハンド、もう一方の手をアンダーハンドにしてやるマ
ッスルアップ）を、標準的なマッスルアップからリバースグリップ・マッス
ルアップに向かう中間ステップにするといい。

THE PLYO-MATRIX

MUSCLE-MANIA
マッスルマニア

プライオメトリック・マッスルアップは、瞬発力の究極の表現になる。可能な限り高くまで上昇しなければできないからだ。別の言葉で言えば、爆発的なプルアップとディップの練習をやり続けるしかない。

バーの上へと十分な高さが出せるようになったら、"マッスルアップのトップで、一瞬、手を外してみる。これがプライオメトリック・マッスルアップの始まりになる。練習を積んでいると、両手を長い時間離していられるようになるので、拍手を加えたり、背中に両手をつけたり、手を交差させたりする試みが可能になる。

バーを飛び越えたり（「マッスルオーバー」と呼ばれる）、信じられないかもしれないが空中で360°度回転したりするバリエーションが、もっとも高度なプライオメトリック・マッスルアップになる。これらは、ストリートワークアウトがもつ華麗さの真髄を表現する動作になる。

BACK LEVER PROGRESSIONS
バックレバー・プログレッション

　鳥？　飛行機？　違う、バックレバーだ！

　本物の飛行能力が手に入るわけではないが、スーパーマンになった気分を味わわせてくれる離れ技がバックレバーだ。

　うつむけになってバーを握り、地に対して体全体を平行にするのだが、そうするには超人的な筋力が必要になり、腕、腹、肩、背中、臀部、脚にある筋肉群を総動員することになる。筋肉に揺さぶりをかけるだけでなく、感知力を鍛えるので、心、体、精神に働きかけるトレーニングになるだろう。

SKINNING THE CAT
スキニング・ザ・キャット

　バックレバーの練習に乗り出す前に、スキニング・ザ・キャットと呼ばれるキャリステニクス技術に慣れる必要がある。

　オーバーハンドグリップでバーからぶら下がった後、膝を胸に向かって引き上げる。それ以上高くならない位置にきたら、バーの下で体を回転させ、足と脚をバーの後ろへと通過させる。腕が背中の後ろにきて、脚が完全に伸びるまで体を下げ続ける。これはジャーマン・ハングと呼ばれるポジションで、肩を効率的にストレッチするものになる。しばらく静止してから、膝を胸に向かって押し込み、股関節をバーの方に上げ、後ろから脚を通してスタートポジションに戻る。

　練習し始めの頃は、バーの下で脚を通す際に足首をクロスさせた方がいいかもしれない。可動性がないと、ここで苦労することになる。また、肩の柔軟性がとりわけ必要になる。エクササイズ中は、肘が曲がらないようベストを尽くしてほしい。

スキニング・ザ・キャットのボトムポジションは、
ジャーマン・ハングと呼ばれている

215

タック・バックレバー

　ジャーマン・ハングのポジションから、股関節を持ち上げ、膝を胸の方に引き、背中を平らにする。かかとを尻のそばまで上げ、胴部が地に対して平行になる姿勢を目指す。背中が丸くなりすぎないよう、下背部を伸ばすことに意識を集中させる。

ONE LEG BACK LEVER

ワンレッグ・バックレバー

タック・バックレバーの
ポジションから片方の脚だ
けを伸ばすワークは、バッ
クレバーへ向かっての漸進
的ステップになる。タッ
ク・バックレバーのポジシ
ョンに入り、胸を前に押し
出しながら全身を強く緊張
させ、慎重に片足を後ろに
伸ばしていく。

STRADDLE BACK LEVER

ストラドル・バックレバー

両脚を横方向へ伸ばして
ホールドすれば、バックレ
バーの完全版をホールドす
るよりも難度が低くなる。
脚を広げると、体の長さが
わずかに短くなるからだ。
ワンレッグ・バックレバー
が楽にできるようになった
ら試してほしい。これがで
きても、完全なバックレ
バーにはまだ手が届かな
いだろう。

この姿勢から、バックレバーのポジションまで
ゆっくり体を下ろしていく

バックレバー

　ストリートワークアウトスタイルのバックレバーでは、通常、オーバーハンドグリップが使われる。そして、下背部の後ろに位置させたバーを両手でつかんで体全体を地に対して水平に保つことになる。腕だけで体重を支えるので、バーを強く握るだけではだめで、全身を緊張させることが何より大切だ。

　ここまでのステップに慣れていたら、フルバックレバーに移行する方法が3つある。すべてやってほしい。

　空中に向かって逆さまにした体を垂直に持ち上げ、体全体を下向きにしたところから入るのが最初のやり方だ。バーの上に脚がきて、そのバーが腰の後ろにくる。体全体の緊張が確かなものになったら、地に対して平行になるまでゆっくり体を下ろしていく。こうすると、筋肉に対する負荷が少しずつ増えていき、体重全体をバックレバーで支える神経学的な準備が整っていく。下降をうまく制御し、脚の重さによって強く引き下げられないようにしながら、胴部を前に押し出していく。

　タック・バックレバー（P.216）からスタートし、注意深く脚を伸ばし

ていく（片脚ずつでも両脚同時でもいい）のが２番目の方法になる。両脚が
伸びた時点で、バーをはさんだ体の両側の長さが五分に保たれるよう胸を前
に押し出す。バーを握った手が、肩の上ではなく、股関節の上にくるように
する。

　最後の方法（そしてもっとも難しい方法）は、ジャーマン・ハング
（P.214）の姿勢から股関節や膝を曲げることなく、所定の位置に体を持ち上
げるやり方だ。背と脚を伸ばしながら背に向かってバーを引くことになる。

　バックレバーをやる上で課題になるのが、背中の過度な曲がりだ。能動的
に、腹部、脚、臀部を動作にかかわらせることでこの罠に落ちないようにす
る。ホローボディ（P.38）を上下逆さにしたように、体を前方に少し畳む意
識を持つと相殺できる。ナローグリップにすると、胴部・上腕間の緊張が高
まり、バックレバーを保ちやすくする。逆に、ワイドグリップにすると動作
を難しくできる。

REVERSE GRIP BACK LEVER

リバースグリップ・バックレバー

　体操選手がバックレバーをやるときによく使うグリップだ。プルアップと違い、バックレバーをアンダーハンドグリップでやると、動作が難しくなる。腕の位置が変わることで、オーバーハンドでやるよりも上腕二頭筋にかかる負荷が大きくなるからだ。そのため、このバリエーションは、肘関節周辺にある腱に強いストレスをかける。関節や腱を守るために、オーバーハンドでバックレバーを習得してから、初歩段階のプログレッションに戻ってアンダーハンドグリップに変え、改めてバックレバーを目指すやり方をお勧めしたい。リバースグリップ・マッスルアップ（P.212）と同じように、オーバーハンド・バックレバーからミックスグリップ・バックレバーをはさんでリバースグリップ・バックレバーを目指すやり方もある。

ONE ARM BACK LEVER

ワンアーム・バックレバー

　片腕だけで体を保つバックレバーが、究極のバックレバーになる。この動作は "サメ" と呼ばれることがある。獰猛なひと噛みを誇る自然界屈指の捕食者に似たポーズになるからだ。頑丈な両腕バックレバーができることがサメになる前提条件になる。

　両腕バックレバーから始め、体を支える方の腕へとゆっくり体重を移していく。もう一方の腕を外す前に、体重を支えている方の腕に向かって股関節と体幹を回転させる。このとき、バランスを取るために両脚を体の後方へ伸ばすようにする。膝を曲げてもいい。離す方の手のグリップを慎重に緩めていき、確信が持てたら、その手を完全に外す。腕を外したら、その手を頭上に伸ばし、脚を含めた全身を伸ばし、背方向に向かってゆっくりとさらに体を回転させ、顔を下に向ける。

FRONT LEVER PROGRESSIONS
フロントレバー・プログレッション

　フロントレバーは、バームーブの中で、もっとも高度なものの一つであり、ほとんどの人にとって今まで見たことがなかった印象的な光景になる。視覚的には、バックレバーの逆バージョンだ。バックレバーもフロントレバーも地に対して平行になるが、フロントレバーは、顔が上を向き、空気でできたベッドの上に横たわって宙に浮いているように見える。

　腕をまっすぐロックアウトし、肩から股関節、足までを一直線にするのが完璧なフロントレバーだ。筋力的な意味で、フロントレバーはバックレバーよりも難しい。しかし、空間的にあまり混乱しないので、こっちの方がやりやすいという人もいる。主に関与するのは広背筋と腹筋だが、臀部や脚にある筋肉を含めた全身の筋肉が駆り出される。

　これを手に入れるまでの道のりは長い。わずか数秒間であっても完全にホールドできるようになるまでには、数か月、場合によっては数年かかるだろう。ハードトレーニングあるのみだ。

EXAGGERATED BAR HANG
イグザジェレーテッド・バーハング

　プルアップするときには肩甲骨を引き下げて後ろに持っていくと言ったことを覚えているだろうか？ フロントレバー・プログレッションの最初のステップは、基本のバーハングを大げさにやることだ。イグザジェレーテッド・バーハングをやるときは、体を後方へ傾

かせ、肩甲骨をできる限り強く押し下げて搾る。次に、両腕をまっすぐ保ちながら、股関節に向かってバーを引っ張る。体を持ち上げることはまだできないだろうが、この動作を練習することで、フロントレバーをやる上で不可欠な動作になる、肘を曲げずに腕で引っ張る感じがどんなものかがわかる。

TUCK FRONT LEVER
タック・フロントレバー

　ハンギング・ニーレイズをやるときのように、イグザジェレーテッド・バーハングから、膝を胸に向かって押し込んでいく。膝がトップポジションに達したら、胴部が地に平行になるまで股関節をバーに向かって引き上げ続ける。動作に広背筋をかかわらせるために、股関節に向かってバーを下に引っ張っていると考えると助けになる。

　最初は、膝を胸に近づけるときに下背部を丸くしても問題ない。膝が胸に近づくほど、ホールドが容易になるからだ。そのため、下背部を完全に平らにでき、膝を胸に向かって押し込むというより、股関節の上に移動させる感じでできれば、このエクササイズが上達したことになる。

ストラドル・フロントレバー

他のタイプのレバーと同じで、体を完全に伸ばすフロントレバーを試みる前に、脚を広げてホールドするバージョンをプログレッションとしてはさむといい。両脚を離してホールドすると体が短くなるので、両脚を閉じてやるフロントレバーよりも簡単なエクササイズにできる。

ワンレッグ・フロントレバー

タック・フロントレバーのポジションに入り、一方の脚をタックしたまま、もう一方の脚を伸ばす。曲げている方の膝の屈曲度合いを調整することで難度が変化する。まっすぐに近づけるほど難しい動作になる。

FRONT LEVER

フロントレバー

　バックレバー同様、フロントレバーにアプローチする方法もいくつかある。

　握ったバーを引き、股関節の前にバーがくるように肩の高さより上へと脚を上げ、体を逆さまにするところから始めるのが最初のやり方になる。ここから体全体を緊張させ、フロントレバーの姿勢になるまでゆっくり体を下げていく。コントロールを保つために、３〜５センチごとに一時静止することが助けになる。斜めにした姿勢から体を下げていくと、抵抗を少しずつ加えていくことができる。

　タック・フロントレバーから始め、少しずつ足を伸ばしていくのが２番目のやり方になる。姿勢をホールドし続けるには、脚をまっすぐにするほど全身の緊張度合いを高めていく必要がある。

　３番目は、デッドハングしたところからフロントレバーに入るやり方だ。通常、これがもっとも難しい（そしてもっとも印象的だ）。それはイグザジェレーテッド・バーハング（P.223）から始めて、体が地に対して完全に平行になるまで上げていくものだ。

角度をつけた姿勢から体を
下ろしていけば、増えてい
く抵抗に順応していける

226

　フロントレバーに入るもう一つの方法は、マッスルアップのトップポジションから、つまり、バーの上から始めるやり方だ。そこから胸を下げていくネガティブ・マッスルアップを行う。胸がバーを通過したら、腕を伸ばし、後ろに傾き、フロントレバーの姿勢になるよう両脚を伸ばす。

　どの方法を採用するにせよ、体にある筋肉のすべてを収縮させながら腕と広背筋を用いて、股関節に向かってバーを引っ張ることがポイントになる。

　注意していないと、股関節のところで体が折れる。つま先を見て、肩からかかとまでの直線を維持できているかどうかを確認しながらやることで、この落とし穴にはまるのを避けてほしい。

FRONT LEVER CURL

フロントレバー・カール

　まず、頭上にあるバーを握ってヘッドバンガー・プルアップ（P.81）の姿勢を取る。腕が曲がり、頭がバーの近くにくる。ここから、腹部、脚、臀部、肩の緊張を保ちつつ背部を伸ばし、体の残りの部分も硬く緊張させたまま腕を伸ばしてフロントレバーの姿勢に入る。ごく短く静止してから、スタートポジションに戻り、以上の動作を繰り返す。

　この動作は"アイスクリームメーカー"とも呼ばれ、長くホールドすることなく、体を一直線にするフロントレバーの感じをつかむのに役立つ。体を堅く緊張させ続けていれば、蝶番にした肘でつくる弾みを利用しながらフロントレバーの姿勢になるよう体をスイングさせることができる。

FRONT LEVER PULL-UP

フロントレバー・プルアップ

　フロントレバーのポジションに入ってから、腕を曲げて体をバーに向けて引く。これは、大変だがやりがいのある挑戦になる。足を空中に浮かせたオージー・プルアップのようになる。

　フロントレバーの姿勢でプルアップするのが無理であれば、タック、ワンレッグ、ストラドルなどのバリエーションを使ってトライする。これらのバリエーションは、フロントレバーを長くホールドすることを目指すときの補助エクササイズにもなる。

　タック・フロントレバー・プルアップを練習するときは、ディップと同じように、パラレルバー（ニュートラルグリップにできるならどんな対象物でもOK）を使うとやりやすくなる。バーが障害物にならなくなり、手がある位置を超えて膝を通過させることができるようになるからだ。

タック・フロントレバーの練習はパラレルバーを使うとやりやすい

THE IMPOSSIBLE POSSIBLE

不可能を可能に

　20世紀初頭、アメリカに、"The Impossible possible"というあだ名を持つ余興パフォーマーがいた。火傷せずに火を食べ、剣を根元まで飲み込み、割れたガラスの上でダンスをし、釘を眼窩に打ち込んだ。とてもできないように聞こえるよね？

　そうではなかった。実際にやったのだ。

　キャリステニクスの世界にも、不可能だと思える動作がいくつかある。理論上のみ存在すると考えられているエクササイズだ。"不可能"なディップがあるとしたら、パラレルバーディップを指す。それは、両肩を少しも動かさず、肘と手首だけを屈曲させ、体の残りの部分を垂直にし、地から切り立っているように行う。胸が少しも前傾することがなく、股関節も蝶番にならない。"不可能"なマッスルアップは、体を少しも曲げずにやるマッスルアップだ。バー周辺で細かい技術を使わない。両足が前に出ない。胸が前に傾くことがない。そして、伝説のキャリステニクスアスリートであるジャスパー・ベニンサカによって有名になった"Close To Impossible"がある。バーを握って空中で体を垂直に保ったところから、両腕を伸ばしてバーから離れていき、その両腕を体の前で完全にまっすぐ伸ばして地に対して平行にするバーレバーだ。これらの"不可能な"動作を目にしたことはないだろうが、だからといってできないわけではない。

CHAPTER 11 *Human Flag*
ヒューマンフラッグ

　ストリートワークアウトの同義語になっているのがヒューマンフラッグ（プレスフラッグ）だ。人前でやって反応を観察すると愉快だ。信じられないと頭を振っている。熱いまなざしになっている。ヒューマンフラッグほど見物人を引き付けるものはない！

　上半身でつくる筋力がこの視覚的インパクトを支えている。ラテラルチェーン（体の側部に沿ってある筋肉群）によってすべてが支えられていると考えられがちだが、そうではない。大きな役割をラテラルチェーンが果たしているのは確かだが、腕、肩、胸、背にも野獣並みの筋力が必要になる。プッシュアップ、プルアップ、ディップをやってつくった堅固な体が必要になるし、臀筋、腹筋、脚にある筋肉も強く緊張させることになる。深部知覚（関節、筋、腱の動きにかかわる感覚で、各部位の位置感覚、抵抗感覚などを含む）も優れていなければならない。

　以上、列挙したものを持っているだろうか？

CLUTCH FLAG PROGRESSIONS
クラッチフラッグ・プログレッション

　エルボーレバーとプレスフラッグの中間ステップになるのがクラッチフラッグだ。クラッチフラッグをやるときは、プレスフラッグのように頭上に腕がいくことがない。胸に押し付けるようにポールを両腕でつかんでいる。ポールをはさんだ反対側に頭と両肩がくるので、支える体の長さがプレスフラッグよりも短くなる。

　クラッチフラッグとそのバリエーションは、かかる負荷の大きさと空間認

知的な意味、神経学的な観点からプレスフラッグに至るプログレッションと
見なされがちだが、それ自体が独立したエクササイズだと見なした方がいい。

　クラッチフラッグをやるときは、不快感と戦うことにもなる。体が回転し
てポールから離れようとするので、腕全体を使って強く搾らなければならな
い。そのとき、皮膚がポールでこすれる。肌は丈夫だという自負があっても、
それに耐える覚悟がほしい。さらに、エルボーレバーと同じで、下にくる腕
を理想的な位置に置けるようになるには慣れが必要になる。しかし恐れるこ
とはない。プログレッションを進んでいけば、筋力、精度、全身の協働力を
表現するユニークな動作をいつものワークアウトに組み込めるようになる。

サイド・プランク

　ヒューマンフラッグに向かっての最初のステップは、サイド・プランクをホールドすることだ。標準的なプッシュアップのスタートポジションに入り、片方の手にすべての体重をシフトしていく。体を回転させながら、地に向いていた胸を横に向けていき、両方の足、足首、脚を重ね、体重を抜いていった手を地から離して空中に伸ばす。これが、体を横向きにして緊張させるトレーニングをスタートするのに適した方法になる。

　動作を難しくするには、両足を高い位置に置いて、手により多くの体重を乗せる。体が完全に水平になる高さに両足を置いて体幹の仕事量を増やしてもいい。

腕のセットアップ

　ここから紹介する３パターンのクラッチフラッグバリエーションでは、すべて同じ腕の置き方をする。クラッチフラッグを可能にするてこの力をつくる上で大切なポイントになる。

　ウエスト直下の位置で、アンダーハンドグリップを使ってポールをつかむ。肘が下を向くことになる。次に、つかんだ腕を曲げ、エルボーレバーをやるときのように、下に位置させた肘の上に寛骨を乗せる。もう一方の腕をポールの向こう側に伸ばし、脇の下でポールを締める。親指を下に向けてポールを握り、肘を肩がある位置より上に保つ。

　エルボーレバーと同じで、下にくる肘を適切な場所に位置させるには、関節の融通性が必要になる。エルボーレバーのセクションで説明したように"バウンドイーグル"ストレッチをやることで、クラッチフラッグの核心となる動作をマスターしてほしい。

ローハンギング・クラッチフラッグ

　腕の位置が定まったら、両手でポールをしっかりと握る。胸をポールに向け、体重を足から手に移し始める。股関節と下に位置する肘の接触を保ちながら、固定した両腕に対する胴部の力を強める。ここでの目的は、地から両足を離すことにある。両脚を伸ばせなければ、膝を曲げてもいい。

237

タック・クラッチフラッグ

　ローハンギング・クラッチフラッグから始め、膝を胸に向かってたくし込みながら、股関節を肩の高さまで持ち上げる。膝を曲げると脚の長さが短くなり、動作が少し簡単になる。クラッチフラッグの完成形をやったときにかかってくる大きな抵抗を克服せずに、胴部を完全に横向きに保つ感じがわかるエクササイズだ。

　両方の脚をたくし込むクラッチフラッグの感覚がわかったら、片脚を伸ばし始める。そうすることがクラッチフラッグの完成形に向かっての中間ステップになる。

クラッチフラッグ

　P.236で説明した手順で腕をセットアップする。次に、体全体を緊張させ、下に位置させた肘に体重を移し、できるだけ強くポールをつかむ。顔が下向きにならないように注意しながら体を完全に横向きにし、その姿勢を保つことに意識を集中させる。以前述べたように、ここで肩の可動性が課題になる。胸の上部にポールを均等に押し付けることを心がける。臀筋と脚にある筋肉を緊張させることも忘れないようにする。

CLUTCH LEVER

クラッチレバー

　クラッチフラッグとフロントレバーのハイブリッドだと考えればいい。垂直に立ったポールを胸の高さでつかみ、もう一方の腕を背中の後ろに伸ばして腰のすぐ外側でポールをつかむ。両手でしっかりとポールを握って体幹を後ろに傾け、体の下にきている前腕を使って水平にする全身を支える。体を後ろに傾けながら上にある腕を伸ばすが、肘の屈曲角度を変えて安定する位置を探す。体全体の緊張を維持し、体重をポールにかけすぎないようにする。かけすぎるとスピンアウトしてコントロールを失いやすくなる。

Xクラッチフラッグ

　ポールの前で両腕をX字型に交差させながら、ポールの後ろで体をまっすぐ横に伸ばすクラッチフラッグ。かなり難しいバリエーションになる。

　まず、体を横に伸ばしたとき、下に位置させる腕（手の位置は上にくる）を、体を横切るように伸ばしてウエストがある位置のすぐ上でポールをつかむ。オーバーハンドグリップを使う。上に位置させる腕を伸ばして、下に位置させた腕の前でバーをつかむ。上に位置させた腕の手が、下に位置させた腕の手の下にきて両腕がXのかたちになる。

　バーをしっかり握り、体全体を緊張させながらバーに乗りかかる。空中に体を保つ緊張をつくり出すには、交差する腕を解くためにポールを引き裂く感じでやるといい。

　このエクササイズは、やっている最中に、股関節のところで半分に折れやすい。脚と下背部を伸ばしてこの動きに抗うようにする。

ALTERNATIVE GRIPS

オルタナティブ・グリップ

　ストリートワークアウト全般で言えることだが、クラッチフラッグのバリエーションも無限にある。ユニークな対象物を選んで創造的な手の位置を編み出すには、従来のやり方にとらわれない工夫と想像力が必要になる。冒険心に任せて今いる環境に合わせていけば、クラッチフラッグはどこまでも楽しく、興味深いものになる。

PRESS FLAG PROGRESSIONS
ヒューマンフラッグ・プログレッション

　両手以外の接触点なしで垂直ポールをつかみ、地に対して平行に浮かんで
いるヒトを想像してほしい。肘も伸びている。それは心を奪われる光景だ。
公園であってもYouTubeであっても、この超人的な離れ技を初めて目にし
たときのことを忘れることはない。パワー、精度、コントロールを融合させ
た姿が、強烈な印象を残さないことはない。

　プレスフラッグ（ヒューマンフラッグ）にはここまで紹介してきたエクサ
サイズとは違う難しさがある。試行錯誤に備えてほしい。

　静的ホールドとしてプレスフラッグをやるには、正反対にかかってくるた
くさんの力に打ち勝たねばならない。体が上下あるいは前後に動くだけでは
ない。回転する。この回転やねじれを解決していくことがフラッガーの課題
になる。ポールをさらに強く握り、上半身だけでなく、腹部、臀部、脚まで
を含んだ全身を強く緊張させて対抗することになる。すべての筋肉を協働さ
せる技術を学ぶことにもなる。時間をかけてプログレッションを進んでいく
ことだ。ヒューマンフラッグをマスターするには何年もかかり、一生かかる
ことすらある。ハードなトレーニングになるが、楽しんでほしい。それでは、
旗になって宙に浮かぶ準備に入ろう。

SUPPORT PRESS
サポート・プレス

　力学的に有利なかたちで、プレスフラッグの感覚を味わえるバリエーショ
ンだ。頭上にあるバーを片手でつかみ、もう一方の手をそのバーを支える垂
直ポール（支持梁）に押し込む。肩と広背筋をかかわらせながら、両腕を完
全にまっすぐにして保つ。上にある腕で体を引きながら、下にある手を垂直
ポールに押し込んで両足を上げる。全身を緊張させることで肘を曲げないよ
うにしつつ、地に対しておよそ45度の角度で体を支える。上にある手が垂
直ポールに近づくほど難しくなるので、垂直ポールから離れた位置で水平バ
ーをつかむところから始め、少しずつ垂直ポールへと手を近づけていく。

プレスフラッグをやるときの
腕のセットアップ

　ここから始まるプレスフラッグのバリエーションは、そのほとんどで同じグリップを使う。上に位置させる手をオーバーハンドグリップにして垂直ポールをつかみ、下に位置させる手は反対方向に回転させて下を向かせる。下に位置する肘が地を向くことになる。これがプレスフラッグをやるときの基本的な腕のセットアップになる。下にくる腕で体重のほとんどを支えることになるので、そうするために、垂直ポールをできるだけハードに"プレス"する。肘を完全に伸ばし、ロックし続けることを目指す。正しくやるには、強いグリップをつくることが不可欠だ。

　手のひらとバーの接触面積を最大化すること、手首の可動性とバーの径によっては、人差し指を下に向けることが助けになる。

KEEP IT WHEEL

ホイールを保て

　　プレスフラッグのバリエーションをやるときは、上に位置させた腕で引き、下に位置させた腕で押しながら巨大な航輪（船の進行方向を定める舵）を回転させている自分の姿を想像するといい。上に位置させた腕で引いている最中は、それを曲げないようにする。プルアップ中に肩甲骨を寄せるのと同じで、ここでの“プル”も肩関節から始まる。下に位置させた腕による“プッシュ”も肩から始まるので、肘が曲がらないように心がける。

CHAMBER HOLD

チャンバー・ホールド

　数秒間のサポート・プレスを無理なくホールドできるようになったら、垂
直ポールを両手でつかむ練習を始める。サポート・プレスよりも力学的に不
利な姿勢になって、はるかに難しくなるため、股関節を肩の上に上げ、両脚
を曲げて補うようにする。体の角度を変えて体長を短くすると、体重全部に
打ち勝たなくてもいい。そして、垂直ポールに対して横向きになって浮く感
じをつかむことができる。練習のし始めは、ジャンプしてキックするパター
ンで股関節を上げる。このやり方をマスターするには時間が必要だ。最初は、
かなり高いところを狙ってキックする方がやりやすい。

バーチカル・フラッグ

　チャンバー・ホールドが堅固なものになったら、プレスフラッグ完全版がどんな感じになるかをつかむために、脚を伸ばしていく。ここでは、水平というより垂直に体を保つことになるが、それは、ちょっと曲がったハンドスタンドのようになる。肘の位置がいくらかずれてもいい。別の言い方をすれば、上に位置させた腕が少し曲がっても、最初はそれでオーケーだ。プレスフラッグほどの筋力を求められることなく、この動作の完成形がどんなものになるか味わうことができるエクササイズだ。

LOW HANGING FLAG

ローハンギング・フラッグ

　チャンバー・ホールドやバーチカル・フラッグと一緒に練習するといいの
がローハンギング・フラッグだ。それらより難しいと感じる人もいれば、簡
単だと感じる人もいる。すべての人のプログレッションが同じ直線上を進む
わけではない。

　水平より脚が上にくるバーチカル・フラッグがプレスフラッグより簡単に
なるように、水平より脚が下にくるローハンギング・フラッグも簡単になる。
いずれもポールに近づくので力学的に有利な動作にできるからだ。P.245の
「プレスフラッグをやるときの腕のセットアップ」で説明した手順で両手を
位置させ、体全体を緊張させながら両脚を持ち上げる。股関節を肩の高さよ
り下に位置させ、両脚を斜めまっすぐにぶら下げる。

HIGH ANGLED FLAG

ハイアングルド・フラッグ

　バーチカル・フラッグとプレスフラッグの中間的な角度でやるのがハイアングルド・フラッグだ。バーチカル・フラッグから始め、体幹と脚をゆっくり下げていき、下に位置する腕と股関節、両脚がポールに対して45度の角度の直線になるところまで体をもっていく。ここから、体幹を安定させながら、両脚を地に向かってゆっくり下げていく動作をやってもいい。

BICYCLE FLAG

バイシクル・フラッグ

　片方の脚をたくし込み、もう片方の脚を伸ばしてやるプレスフラッグも、完全なプレスフラッグに向かうための中間ステップになる。空中に浮かびながら、想像上の自転車を漕ぐように、たくし込む脚を交互に変えて練習するといい。このバイシクル・フラッグ技術は、角度をつけた姿勢で行うとやりやすい。

ストラドル・フラッグ

フラッグ中に脚を広げると体の長さが短くなる。こうすると力学的に有利な姿勢になって動作が少し容易になる。角度をつけたフラッグをホールドできるようになった後、プレスフラッグへ移るまでの中間ステップになる。

HIGH SUPPORT PRESS
ハイサポート・プレス

　サポート・プレス（P.244）をやって
いるときに、上に位置させた手を垂直ポー
ルに近づけるとプレスフラッグにかな
り似てくる。標準的なサポート・プレス
よりも両手が近づき、体の角度が地に対
して45度ではなくほぼ平行になって、
胴部と脚がプレスフラッグと同じポジシ
ョンにくるからだ。水平バ　に手を置く
ことで負荷をいくらか軽くできるので、
わずかだがプレスフラッグよりもやりや
すくなる。

PARALLEL BAR FLAG
パラレルバー・フラッグ

　上下に位置するパラレルバーの間でプ
レスフラッグを練習することも、この動
作をマスターするための方法になる。パ
ラレルバー・フラッグは、垂直ポールで
行うプレスフラッグに似ているが、ほと
んどの人にとってこのバリエーションの
方がやりやすい。両手を向かいあわせる
ニュートラルグリップが、安定した拠り
所になるからだ。上の手の直下に下の手
を置くが、どちらかの手がずれるとコン
トロールが利かなくなって回転する場合
があるので注意する。

ヒューマンフラッグ（プレスフラッグ）

　ヒューマンフラッグの姿勢に入る方法は、主に２つある。トップダウン（上から下）方式とボトムアップ（下から上）方式だ。より容易なトップダウン方式では、キックしてバーチカル・フラッグの姿勢に入り、そこからゆっくりとハイアングルド・フラッグ、さらにストラドル・フラッグへと移り、その姿勢をロックして、最後に脚を閉じる。このトップダウン方式には、体

プレスフラッグの練習中は、
部分的に体を上向きに回転させると助けになる

にかかる負荷を少しずつ増やしていくことで、垂直ポールを握った両手だけで全体重を支えられるよう神経系を刺激していける利点がある。

　地から水平の位置に体を押し上げるボトムアップ方式は、もっと難しい作業になる。垂直ポールを握り、ローハンギング・フラッグに入る。ここから、股関節を持ち上げて体を水平にするために、上に位置させた腕で引き、下に位置させた腕で押す。この作業中、体幹を強く緊張させ続ける。

　プレスフラッグの練習中は、部分的に体を上向きに回転させると助けになる（左ページ）。こうすると、脊柱による支えが強まるからだ。時間をかけて練習すれば、体を完全な横向きにしたホールドが可能になる。

体を横向きにするフラッグを目指す

フックハンド／フラットパーム

HOOK HAND/FLAT PALM FLAG

フックハンド／フラットパーム・フラッグ

　これは、型にはまらない対象物の表面を使ってフラッグするのに役立つバリエーションだ。上にくる手の使い方を変えるだけでなく、下にくる手の置き方も調整するものになる。通常のフラッグでは、上にくる手は、プルアップをやるときにバーをつかむのと同じようになる。ここでの指は"引く"対象物の周りを握るのではなく、その対象物にニュートラルグリップにした指を引っ掛けることになる。

　フックハンド（上に位置させた手）は指を使って強くつかむが、フラットパーム（下に位置させた手）の方はまったくつかまない。簡単ではない。下の手によるつかむ力が加わらない分、強く押すだけでなく、体をさらにきつく緊張させなければ落ちる。

　垂直ポールを対象にするのではなく、地に平らにした手のひら（フラットパーム）を置いてこれをやると、さらに難度が高まる。フックハンドからフラットパームが離れるほど、難度が増していく（リピート・プレスとは逆になる）。対象物によっては、上に位置させた腕のねじれが避けられない。

片方の膝、あるいは両膝をタックしたバージョンから始め、完全版を目指す

SHOULDER FLAG

ショルダー・フラッグ

　この人目を引く動作は、ドラゴンフラッグとプレスフラッグの過酷なハイブリッドだ。それぞれのエクササイズが難なくできるようになったら、2つを組み合わせる試みに着手できる。

　ショルダー・フラッグをやるには、片方の僧帽筋に垂直ポールをしっかり当て、頭の横にくるポールを両手でつかむ。てこの力を最大化するために、両腕を体に強く押し付ける。首のあたりにバーが無理やり押し込まれるような不快感が、このホールドをやる上で大きな障害になる。ショルダー・フラッグをやるときは、その感覚を受け入れる心の余裕が欠かせない。

スイッチグリップ・フラッグ

　手首に優れた可動性があれば、スイッチグリップ（ポールダンサーのグリップとも呼ばれる）を試すことができる。これをやるには、上に位置させる手のひらをぐるりと廻して、親指を下ではなく上に向ける。最初に、上にくる腕を背中の後ろに伸ばしてポールをつかむ。次に、プラスフラッグと同じグリップを使って下に位置させる手でポールを握り、体の向きを調整して所定のポジションにつく。上に位置させた腕の回転能力が課題になる人が多いだろう。しかし、この手の置き方によって力学的に有利になり、上に位置させた腕の曲がりを避けることができる。

HUMAN FLAG CRUCIFIX

ヒューマンフラッグ・クルーシフィクス

　首の後ろにポールを位置させ、両腕をポールに沿って完全に伸ばすことで十字架のように見えるフラッグだ。体を支え続けるには、下にくる腕で強くバーを押して体を持ち上げ、上にくる腕で強く引いて、体がバーから離れないようにする。手と前腕をポールに巻きつけ続けることで体を安定させる。

ONE ARM FLAG

ワンアーム・フラッグ

　ワンアーム・フラッグをやるには、並外れた首の筋力と全身のパワーが必要になる。下にくる腕で行う"プレス"を、垂直ポールの表面に置いた頭でやるからだ。頭で体を支えるだけでは不十分であり、フラッグ中、積極的に対象物に向かって押し込む必要がある（帽子を着用することをお勧めする）。頭をつけるための平らな表面が必要になるので、垂直ポールを対象にはできないバリエーションになる。

ヒューマンフラッグとヒューマンフラッグ用のポール

　垂直ポール相手にやっても印象的なヒューマンフラッグだが、人間を対象にやるとさらに目を見張るエクササイズになる！

　一見してそれとわかるが、フラッガーの手にさらに多くのワークが課されている。どれだけハードにトレーニングしていても、肌がピンと張り続けていることはない。そのため、フラッガーは、パートナー（ポールになる人）の予測不能な肌の揺れに合わせて、グリップやその他多くのニュアンスを絶えず調整することになる。

　フラッガーは、手をどこに位置させるかに最大限の注意を払わなければならない。体をできるだけ安定させるには、下に位置させる手をパートナーの足近くに置く必要がある。位置が高すぎると、不利な姿勢になるだけでなく、パートナーの脛骨を折る可能性も出てくる。要注意だ！

　パートナーにも課題がある。まず、肉体的にも精神的にも岩のように硬くなる必要がある。第二に、フラッガーが地から足を持ち上げてポジションに入る際に、微妙に傾いてフラッガーから離れる準備をする。フラッガーの体重を支えきれないと、両者ともひっくり返る。自由に使える腕を伸ばすとバランスを取る助けになる。

　パートナーとトレーニングするときはいつも同じだが、声を掛け合うことがカギになる。地に釘を打ったような結果を得るには、十分な時間と練習が必要になる。

オルタナティブ・グリップ

　ポールという対象物を超えていくのがヒューマンフラッグだ。岩場、地下鉄駅、樹木やフェンスなど、手が届くところにあるものの多くは、そもそもつかむところがあまりない。

奇妙な表面、不均一なグリップ、ずらした手のパターンを使うと、トレーニングが境界線を超えて進化し、創造力が湧き出るようになる！ 即興的に対応するだけでなく、積極的にそうすることが、ストリートワークアウトだ。ルールブックは、窓の外に投げ出される運命にある。

IV

Programming

プログラミング

フィットネスの世界には多様なプログラミング法がある。ちょっと思い出すだけでも、全身ワークアウト、スプリットルーチン、サーキット、ピラミッドセットなどがあり、それぞれに適した用い方がある。しかし、すべてのアスリート、すべてのゴールに見合う唯一のプログラムは存在しない。ガイドラインがあると確かに便利だが、ここから説明する評価基準、テンプレート、ワークアウトは、決定項ではなくプログラムをつくるための出発点として使ってほしい。

プログラムを吟味することは大切だが、分析しすぎてはならない。実際に体を動かしてみての観察に基づく考えや即興的な動作を過小評価することは、つまりは自分を過小評価することになる。変更を加えた方がいいときや、プランから少し逸脱しなければならないときは、そうすることを恐れるな。長期にわたってハードにワークする心構えさえあれば、どんなプログラムを使っても最終的にはうまくいくものだ。

CHAPTER 12 *Assessments* 評価

　自重力王国の中で、あなたがどのあたりにいるか知りたいだろうか？　この章にあるチャートは、ストリートワークアウトの各エクササイズにおける自身の能力を評価する際の基準になるものだ。また、より困難なエクササイズへとステップアップする時期を判断するガイドラインにもなる。

　ダイナミックエクササイズ（レップス数を基準にするもの）用とアイソメトリックエクササイズ（ホールドする時間を基準にするもの）用のチャートがある。おおよそだが、どちらも、もっとも容易にできるエクササイズからもっとも難しいエクササイズの順にリストされている。それぞれ、ベースライン標準、高度な標準、エリート標準で構成されている。
　ダイナミックエクササイズ用のチャートの数字は、1連続セットで行うレップス数を示している。アイソメトリックエクササイズ用のチャートの数字は、そのポジションをホールドする秒数を示している。両チャートとも、厳格なフォームで行うことが前提になる。

　"ベースライン標準"は、一貫してトレーニングすれば6～12か月以内に達成できる可能性がある。"高度な標準"の達成には数年かかる場合がある。"エリート標準"は、トレーニングし続けながら、その達成を夢見るものだ！

　どこから出発するかで、あなたの旅が長くかかるか短くなるかが決まる。コツコツ少しずつという昔ながらの方法がもたらす楽しさを、ストリートワークアウトの中に見つけてほしい。さらに、あるエクササイズの方が別のエクササイズよりも速く進歩していくことがある。そこにもストリートワークアウトの醍醐味がある。

DYNAMIC EXERCISES
ダイナミックエクササイズ

Exercise	ベースライン標準	高度な標準	エリート標準
スクワット	40	100	200
プッシュアップ	30	60	100
ハンギング・ニーレイズ	20	40	60
オージー・プルアップ	20	40	60
パイク・プレス	20	40	60
パラレルバー・ディップ	15	30	50
プルアップ	10	20	30
ハンギング・レッグレイズ	10	20	30
ハンドスタンド・プレス	1	10	20
ピストル・スクワット	1	10	20
シュリンプ・スクワット	1	10	20
マッスルアップ	1	10	20
ワンアーム・プッシュアップ	1	5	10
ワンアーム・プルアップ	−	1	5

ISOMETRIC EXERCISES
アイソメトリックエクササイズ

Exercise	ベースライン標準	高度な標準	エリート標準
ヘッドスタンド	60	120	240
クロウ・ホールド	60	120	240
バックブリッジ	60	120	240
L-シット	20	60	120
エルボーレバー	20	60	120
フリースタンディング・ハンドスタンド	20	60	120
タック・バックレバー	10	30	60
クラッチフラッグ	10	30	60
タック・フロントレバー	10	30	60
タック・プランシェ	10	30	60
バックレバー	−	5	10
ヒューマンフラッグ	−	5	10
フロントレバー	−	5	10
プランシェ	−	3	5

CHAPTER 13

Street Workouts

ワークアウトサンプル

　この章では、ワークアウトサンプルを紹介していきたい。異なるスタイルでトレーニングにアプローチするためのものだが、書かれている通りにやっても、自分に合うように変更して使ってもいい。

　さまざまなテンプレートがある。どれがあなたにとってのベストだろうか？　いくつか試してもらいたい。

START ME UP
スタートミーアップ

　そのものずばりで、筋力トレーニング初心者にとっての完璧なワークアウトになる。主要な基礎的動作の中からやりやすいものを集めている。

　初めは、セット間で必要なだけ休憩し、次のエクササイズに進む前に指定した総レップス数を終わらせる。無理なくできるようになったら、セット間で1〜2分以上は休まないようにする。

　調子が乗ってきたら、サーキットトレーニング的にやれる。各エクササイズを1セットずつ連続して行い、それぞれのエクササイズが都合3セット終了するまで繰り返す。トレーニングに慣れた後も、アクティブリカバリーとして採用すれば、トレーニングの停滞を防ぐことができる。

　ハンドエレベーテッド・プッシュアップをフルプッシュアップ、ベンチア

システド・スクワットをアシスト無しのスクワット、ベントニー・オージーをストレートレッグ・オージーへといったふうに難度を上げていく。

ハンドエレベーテッド・プッシュアップ	10レップス3セット
ベンチアシステッド・スクワット	10レップス3セット
ベントニー・オージー・プルアップ	10レップス3セット
ライング・ベントニーレイズ	10レップス3セット
ヒップ・ブリッジ	10レップス3セット

50 REP CHALLENGE
50レップスチャレンジ

　自分にとってそれなりに難しいエクササイズを、セット数がどれほど多くなってもいいので、1ワークアウト中に50レップスやるのが50レップスチャレンジだ。1レップを50セットやってもいいことになる。

　たとえば、10レップス1セットから始め、そこから8レップス1セット、7レップス1セット、5レップス2セット、3レップス3セット、2レップス2セットやって、最後は1レップ2セットで終了にする。最初は少し時間がかかるだろう。しかし、50レップスを完了するまでのセット数が少しずつ減っていくはずだ。

　1セットで5～15レップスできるエクササイズを選び、フォームを正しく保ち、失敗しないことに焦点を当てる。セット間で、必要なだけ休憩していい。実際、長い休憩を取ることを勧めたい。ストレッチしたり、深呼吸しながら、エクササイズの改善点を考えたりする。ワークアウトの楽しさに浸るだけでも結構だ。

　この方法は、スクワット、プッシュアップ、プルアップといった基本動作のレップス数を最大化するためのすばらしい方法になる。また、熟練したトレーニーがマッスルアップやピストル・スクワットといったもっと難しいエ

クササイズに取り組むときにも使える。

　最初は、大まかな部位ごとに1週間に1回に留めることを勧めたい。体組織にショックを与える可能性があるからだ。そのうち、ときどきやれるコンディションが整っていくだろう。

　50レップスだと多すぎる場合は、少ないレップス数（30レップス？）から始めて、そこから少しずつ増やしていく。

　50レップスが困難ではなくなったら、より難しいエクササイズを採用するか、総レップス数を100かそれ以上に増やす。

THREE AMIGOS
スリーアミーゴス
. . . .

　ピラミッドトレーニングに基づいたシンプルなワークアウトだ。体内にあるすべての筋肉に——心臓にも！——負荷をかける。

　スクワットを1レップやってから、すぐに頭上にあるバーをつかんでプルアップを1レップやり、直後にプッシュアップを1レップやる。ちょっと休憩を取って、次は、スクワット2レップス、プルアップ2レップス、プッシュアップ2レップスだ。各エクササイズを1レップず

つ増やしていくサーキットを続けていると、どれかで追加できなくなる。そうなったら今度は1レップずつ減らしていき、各1レップまで戻る。

　休憩時間は最小限に抑える。しかし、厳密なフォームを守りながらサーキットを続けられる長さにする。プッシュアップやプルアップをやる筋力がない場合は、ニーリング・プッシュアップやオージー・プルアップを用いる。

1スクワット
1プルアップ
1プッシュアップ

2スクワット
2プルアップ
2プッシュアップ

3スクワット
3プルアップ
3プッシュアップ……

STATIC ELECTRICITY
スタティックエレクトリシティ（静電気）

　このアイソメトリックワークアウトは、多様な静的ホールドに筋力トレーニングとスキルトレーニングをしみ込ませたものだ。人によっては、ここで紹介するエクササイズの中に、得手不得手があるだろう。指定した秒数のホールドができないエクササイズについては分割してやるようにする。たとえば、L-シットが10秒間しかホールドできないときは、10秒間のホールドを4回行う。

　エクササイズの多くに、筋力とスキル、関節可動性がかかわってくる。完全なフォームでできない場合は、より容易なプログレッションを採用する。

たとえば、ネック・ブリッジができない
場合は、ヒップ・ブリッジを用いる。

プランク（90秒）
サイド・プランク（片側30秒）
クロウ・ポーズ（90秒）
エルボーレバー （40秒）
L-シット（40秒）
ネック・ブリッジ（90秒）
ウォール・ハンドスタンド（90秒）

UP ABOVE
アップアバーブ
. . . .

　私たちは全身を対象にトレーニングす
ることを原則にしているが、スケジュー
ル次第では、スプリットルーチンが選択
肢に入ってくる。体全体を消耗させる毎
日を続けることはできない。対象とする
体組織を交替させることがトレーニング
を効果的なものにする場合もある。アッ
プアバーブは上半身をターゲットにした
基本的なワークアウトを集めたものだ。

　ワークアウトは2ラウンドに分かれて
いて、同じ運動パターンで構成されてい
る。ラウンドごとにターゲットとする筋
肉が少し変化するよう工夫してある。

ラウンド1：

プッシュアップ	20レップス2セット
プルアップ	8レップス2セット
パラレルバー・ディップ	15レップス2セット
ワイド・オージー・プルアップ	10レップス2セット
ハンギング・ニーレイズ	10レップス2セット

ラウンド2：

ワイド・プッシュアップ	15レップス2セット
チンアップ	8レップス2セット
フィートエレベーテッド・ベンチ・ディップ	15レップス2セット
ナロー・オージー・プルアップ	10レップス2セット
ツイスティング・ハンギング・ニーレイズ	10レップス2セット

DOWN BELOW
ダウンビロウ
....

　いくつかの基本動作を取り入れた下半身ワークアウトだ。最初は、下半身を使った"プッシュ"――スクワットだ。両足を同じ場所に留まらせながら、体の下にある地を両足で押す。続く2つは、まずは直線的に、続いて上下に移動する動作パターンになる。次に、下半身の中でも無視されがちな筋肉に焦点を当てる。最後は下半身"プル"だ。バランスを取りながらやるこのエクササイズは、ワークアウトを始める前に体を準備させるものにもなる。

スクワット	20レップス2セット
ウォーキングランジ	20レップス2セット（片脚につき）
ステップアップ	20レップス2セット（片脚につき）
ドリンキングバード	20レップス2セット（片脚につき）
カーフレイズ	20レップス2セット

FULL FRONTAL
フルフロンタル

この中級者向けのワークアウトは、大腿四頭筋、胸筋、腹筋、肩にある筋肉など、体の前部チェーンを対象に組み立ててある。前部チェーン向けだが、後部チェーン、特に、下背部にある筋肉とハムストリングスの安定性が求められるエクササイズも入っている。

ナロー・スクワット	20レップス3セット
ブルガリアン・スプリット・スクワット	10レップス3セット（片脚につき）
ワイド・プッシュアップ	15レップス3セット
フィートエレベーテッド・プッシュアップ	15レップス3セット
パイク・プレスアップ	10レップス3セット
ハンギング・レッグレイズ	15レップス3セット
グラウンデッド・ウィンドシールドワイパー	20レップス （片側につき10レップス）3セット

BACK FOR MORE
バックフォーモア

. . . .

　現代のフィットネス文化は、体の後ろにある筋肉を無視しているようにも見える。体全体の健康よりも、鏡の中（またはセルフィー時）の見栄えを優先するからだ。このワークアウトは、広背筋、背筋、ハムストリングス、臀筋など、体の後ろにある筋肉に焦点を当てることで、そのアンバランスを是正することを目的にしている。今まで使ってこなかった筋肉を激しくワークさせることになる。

　前半の４つのエクササイズはレップス数とセット数を用いるもので、後半の３つのエクササイズは静的ホールドになる。規定時間のホールドができない場合は、やりやすい複数セットに分割すればいい。たとえば、フルブリッジを60秒ホールドする代わりに、20秒のフルブリッジホールドを３セットやる。可能なスタイルで後部チェーンをバックアップしてほしい。

ワイドグリップ・プルアップ	10レップス3セット
ワイドグリップ・オージー	10レップス3セット
キャンドルスティック・ブリッジ	10レップス3セット（片脚につき）
ドリンキングバード	10レップス3セット（片脚につき）
タック・バックレバー	20秒ホールド
ネック・ブリッジ	60秒ホールド
フルブリッジ	60秒ホールド

WIZARD'S CAULDRON
ウィザードの大釜

. . . .

　中級／上級レベル用のワークアウトだ。あるエクササイズをやる前に同じ運動パターンの退行バージョンを先行させるキャリステニクス特有の魔法を使う。より簡単なエクササイズを使ってウォーミングアップすることで、筋肉と神経系を活性化させ、それに続くワーキングセットに備える。こうする

と、本番のワークアウトで筋肉がパワフルに働き、最大筋力が出るようになる。高い筋力を導き出すために設計したテンプレートなので、セット間での休憩は長めに取ってほしい。特に、このテンプレート通りにエクササイズを連続してやるときは、2〜4分休むのが妥当な線になる。

ウォーミングアップ：ウォーキングランジ	20レップス（片脚につき）
ワークセット：ピストル・スクワット	5レップス3セット（片脚につき）
ウォーミングアップ：ナロー・プッシュアップ	20レップス
ワークセット：ワンアーム・プッシュアップ	3レップス3セット（片腕につき）
ウォーミングアップ：プルアップ	10レップス
ワークセット：アーチャー・プルアップ	3レップス3セット（片腕につき）
ウォーミングアップ：ハンギング・ニーレイズ	10レップス
ワークセット：トゥーツーバー・レッグレイズ	5レップス3セット
ウォーミングアップ：ヒップ・ブリッジ	10レップス
ワークセット：ウォール・クロール	3レップス3セット

DANNY'S INFERNO
ダニーズインフェルノ
. . . .

熟練者向けのバーワークアウトで、すばやく、激しい内容になっている。最小限の時間で最大限の効果を得ることを目的にしている。この道を行く前に、時間を十分かけてプルアップとそのバリエーションをやっておくこと。

バーから下りることなく、エクササイズのすべてを行う。5エクササイズ×5レップスが完了したら、バーから下りて、2〜3分休み、繰り返す。サーキットを3〜5ラウンド繰り返すことを目指す。筋肉を燃やせ！

マッスルアップ	5レップス
ストレートバー・ディップ	5レップス
フロントレバー・カール	5レップス
プルアップ	5レップス
トゥーツーバー・レッグレイズ	5レップス

LEG DAZE
レッグデイズ
. . . .

この下半身ワークアウトをやると、短時間で脚を燻し上げることができる。レッグデイズは、プログレッション的に進む3種類のウォーミングアップから始まる。ワークアウトのスタート時に一度だけやり、筋肉系と神経系をワークアウトに備えさせる。ワークアウトは、各脚につき3つの異なるエクササイズ計15レップスで構成されている。両脚ともやったら、3分休憩し、繰り返す。筋力レベルに応じて、トータルで3〜5ラウンドやるようにする。

ウォーミングアップ：

ボディウエイト・スクワット	20レップス1セット
スプリット・スクワット	15レップス1セット（各脚につき）
アーチャー・スクワット	10レップス1セット（各脚につき）

ワークアウト（3〜5回繰り返す）：

ピストル・スクワット	5レップス（各脚につき）
シュリンプ・スクワット	5レップス（各脚につき）
ハワイアン・スクワット	5レップス（各脚につき）

DESTROYER OF WORLDS
デストロイヤーオブワールド

. . . .

　気弱な人はご遠慮願いたい。フォームを厳密に守りながら、各エクササイズをできるだけ少ないセット数で完了させる。ストリートワークアウトの戦士の中には、各エクササイズ間で休むことなく、あるいは、わずかな休憩を取るだけで全エクササイズを1連続セットで行う猛者もいる。最初は無理せず、何度かブレークを入れた方がいい。また、ワークアウトの前後に、少なくとも休日を1日入れた方がいいだろう。

スクワット	100レップス
プッシュアップ	50レップス
プルアップ	20レップス
ピストル・スクワット	10レップス（片脚につき）
ディップ	30レップス
オージー・プルアップ	20レップス
ハンギング・レッグレイズ	10レップス
ハンドスタンド・プレスアップ	5レップス
マッスルアップ	5レップス

CHAPTER 14 Training Templates
トレーニング テンプレート

　今、あなたが使っているプログラムに応用できるトレーニングテンプレートをいくつか示したい。これらのテンプレートはルーチンをつくる上でサンプルとして役立つものにもなるだろう。全身を対象にしたワークアウトも、特定の筋肉群や身体スキルに重点を置いたプログラムもある。サンプルのすべてに、回復するための休息日が用意されている。

　全身を対象にしたトレーニングは優れたアプローチ法になる。まとまったユニットとして全身をワークさせるので、構成要素（一つ一つの筋肉）に分離することがない。最近は、ほとんどすべての部位を１ワークアウト中にトレーニングしたがる人が多く、その場合、すべてのエクササイズを極限までワークしないように指導される。筋肉を回復させる時間が、始終、必要になるからだ。これは、ハードにワークするなということではない。まったく逆だ。実際、ハードワークなしで結果を得ることなどない。もし、頻繁にトレーニングするとしたら、すべての筋肉を完全に使い尽くすワークをやること自体が非現実的なプランになるという事実を指摘しているだけなのだ。

　以上のような理由からスプリット（分割）ルーチンが考案された。スプリットルーチンはアクティブリカバリーの原則に基づいている。アクティブリカバリーとは、特定の筋肉がワークアウトの矢面に立っている時間を、負荷があまりかかっていない筋肉を回復させる時間に充てる戦略だ。ストリートワークアウトでのスプリットルーチンは、（他のジャンルのスプリットのように１日につき一つの筋肉ではなく）１日につき体の一領域に焦点を当てる。"スプリット"であっても、"分離"するのではなく"焦点を置く"だけにし、さまざまな筋肉を協働させるワークになっている。

　筋力トレーニングの世界で一般的なのが、上半身／下半身スプリットだ。ここでの"上半身"は、主に動作させるのがウエストより上になるエクササ

イズを指す。プッシュアップ、プレスアップ、ディップ、バーワークなどだ。"下半身"は、スクワット、ランジ、カーフレイズ、ドリンキングバードといった脚のエクササイズを指している。

フロント／バック（"プッシュ／プル"とも呼ばれる）スプリットも、優れたアクティブリカバリー法になる。"フロント"は、体の前面にある筋肉、つまり鏡の前に立ったときに見える筋肉に重点を置いている（分離はしない）。これには、プッシュアップ、プレスアップ、腹筋の屈曲、フロントレバー・プログレッション、スクワットが含まれる。"バック"は体の後方にあるチェーンに重点を置いている。プルアップ、オージー・プルアップ、ドリンキングバード、バックレバー・プログレッション、ブリッジなどが含まれる。

スキルに指定した日には、筋力よりもスキル的要素が強いエクササイズに取り組む。スキルもパワーも、ある程度のレベルが求められるのがストリートワークアウトだが、力より技の要素が強い日になる。これらのエクササイズには、ハンドバランシング、ヘッドスタンド、エルボーレバーが含まれる。"トレーニングする"というより"練習する"態度で臨むといいだろう。

以上のスプリットは"案"にすぎないので、あなたなりに解釈し、修正を加えてほしい。休息日についてもそれは当てはまる。"休息"という用語は、一日中ソファで座り、リモコンのチャンネルを変えることをもっとも激しい動作にせよという意味ではない。自転車に乗ったり、柔軟トレーニングができるはずだ。立ち上がって体を動かすだけでもいい。一方で、やっていたときの感じより、実際にはハードなトレーニングだった場合がある。そんなときは、体を休ませることがやるべきことになる。テンプレートに1日しか示されていないとしても、2日間の"休息日"を取る。常に"体験していること"を基準に判断してほしい。

この本で紹介したエクササイズは、すべて、あなたが今使っているプログラムに組み込むことができる。フィットネスとスキルのレベルにより、どの動作を加えたらいいかが決まるだろう。テンプレートは、必要とするときにハードなエクササイズに切り替えていく限り、同じものをいつまでも使うことができる。たとえば、ハンドエレベーテッド・プッシュアップを始めたばかりの初心者なら、そこから一般的なプッシュアップへと向かい、さらにフィートエレベーテッド・プッシュアップへ、最終的に、ワンアーム・プッシュアップへと進んでいけばいい。

TEMPLATE A : OLD FAITHFUL
テンプレートＡ：定番

1日目	全　身	
2日目	休息日	
3日目	全　身	
4日目	休息日	
5日目	全　身	
6日目	休息日	
7日目	休息日	

TEMPLATE B : TERMINATOR
テンプレートＢ：ターミネーター

1日目	全　身	
2日目	休息日	
3日目	上半身	
4日目	下半身	
5日目	休息日	
6月月	スキル	
7日目	休息日	

TEMPLATE C : TERMINATOR Ⅱ
テンプレートC：ターミネーターⅡ

1日目	全 身	
2日目	休息日	
3日目	前 部	
4日目	後 部	
5日目	休息日	
6日目	スキル	
7日目	休息日	

TEMPLATE D : THE GAUNTLET
テンプレートD：ザ・ガントレット

1日目	上半身	
2日目	下半身	
3日目	休息日	
4日目	前 部	
5日目	後 部	
6日目	スキル	
7日目	休息日	

テンプレートE：マッドスキル

1日目	全　身	
2日目	休息日	
3日目	スキル	
4日目	全　身	
5日目	休息日	
6日目	スキル	
7日目	スキル	

テンプレートF：シャープシューター

1日目	上半身	
2日目	下半身	
3日目	スキル	
4日目	上半身	
5日目	下半身	
6日目	スキル	
7日目	休息日	

V

ボーナスセクション

エクササイズの説明とプログラミングを通過してきたが、議論すべきことがたくさん残っている。この本の文字の連なりから目を離したところから、君自身のトレーニングの旅が始まる。最初の一歩を踏み出すと、答えのない疑問や"取り除けない石"が転がっているだけでなく、型にはめ込まれることを拒むストリートワークアウトの本質と出会う。

学んだことをどのように取り入れ、応用するか？

予期しない障害に出くわしたとき、何が起こるか？

手に入れたスキルを目の前の環境にどう適用するか？

以下のページでは、ここまでの説明をまとめるとともに、強くなる旅へと今すぐ踏み出す方法を伝えたい。日々のトレーニングに適用でき、裏庭でも、ドアの外に広がる（都会という）ジャングルでも使える戦略がここにある。"世界"が君の遊び場になるだろう。

CHAPTER 15 Ask Al アルに訊く

　私にはたくさんの質問が届く。以下は、フィットネストレーナーとしての
キャリアを通じてもっとも多かった質問と、それに対しての回答だ。多くは
パーソナルトレーナーとしての観察に基づいたものであり、そこに、個人
的なトレーニングから得たものを加えてある。一般的な質問のほとんどに
ここで答えている。君が抱えている問題とは少し違うかもしれないが、適
用できることを願っている。ここで解消できなかったら私のFacebookや
Instagramを介して質問してほしい。

──どんな食事を摂っている？
　従っている食事法はないかな。唯一のルールは、高度に加工されたフェイ
クフードを避けること、暴飲暴食をしないことくらいだ。カロリーを計算す
ることもない。食品群とか、脂肪、タンパク質、炭水化物に分類することに
も関心がない。カロリーのほとんどを摂取するのは午後になってからで、空
腹を感じるまで食べないようにしている。

──サプリメントは摂りますか？
　ノーだね。粉末、ピル、その他どんな種類のサプリメントも一切服用して
いない。

──しかし、それでいいのか……
　サプリメントなし。クレアチン、グルタミン、BCAA、魚油など、サプ
リメントと名のつくものは一切服用していない。なし！

——で、プロテインは？
　ノーーーー！！！

　——ウエイトは挙げますか？
　10代から20代前半の間にウエイトを挙げた時期があったけど、10年以上
にわたって私のライフスタイルからウエイトトレーニングは消えている。ジ
ムに呼ばれたときに興味本位で手にするくらいで、それもまれなことになっ
ている。

　ウエイトトレーニングを否定しているわけではないよ。ウエイトを挙げる
ことが筋力と筋肉をつくる上で効果的なのは十分わかっているけど、それは、
私のやり方じゃない。それだけ。

　——重みのあるベストを着てプッシュアップするといった、ウエイトを追加
　　　した自重力トレーニングについては？
　繰り返しになるけど、それは、私のやり方ではない。とはいえ、そうした
いなら、そうすればいい。ウエイトを追加する必要がないのは、よりハード
なエクササイズを探せばいいだけのことだからだ。それがプログレッション
というものだ。

　——しかし、体を大きくしたい場合はどうすればいい？　ウエイトを挙げる
　　　必要はありませんか？
　筋肉量を増やすことが目的でも、ウエイトは必要ない。筋肉がほしいなら、
基本動作のレップとセットを増やすことだ（たとえば、エクササイズごとに
10〜20レップスを4〜5セット）。そして、真っ当な食べ物をたくさん食
べることだ。ただ、その人の遺伝子が筋肉量に影響するのは確かだ。キャリ
ステニクスを用いて筋肉量を増やす情報については、"コーチ"ウェイドの
C-Mass（『プリズナートレーニング外伝 監獄式ボディビルディング』CCC
メディアハウス刊）を読むといい。

　——1つのプログロムの中に、ウエイトトレーニングとキャリステニクスの
　　　2つを組み込むことはできますか？

もちろん！　個人的にやったことはないけど、できないわけではない。やりたいように！

——カーディオについてはどう思う？

　私も、時々走ったり、縄跳びをやったりしている。でも、それは減量のためではない。楽しいからだ。

——とはいえ、無駄な脂肪を剥ぎ取るために有酸素運動をやった方がいいのでは？

　必要ないよ。包括的なフィットネスを求めているなら心血管運動をやった方がいいけど、強くなり、シャツを脱いだときの見栄えをよくしたいなら、筋力トレーニングの方が効果的だ。脂肪を減らしたいなら、ワークアウトに着目するより食習慣を変えた方がいい。

——クロスフィット、P90X、ズンバなどについてどう思いますか？

　体を動かしたい！　私はそういう気分にさせてくれるエクササイズのファンだ。今挙げたブランドはそうさせることに成功している。そこが大切なポイントだと思う。誰にも通用する完璧なプログラムはない。しかし、情熱を持って継続すればどれも機能するので、気に入ったものを選び、そこから離れないようにすればいい。どんなメソッドであれ、エクササイズは何らかの利益をもたらしてくれるからね。この本の中にあるエクササイズは私のお気に入りであり、それが、ここで紹介した理由になっている。

——レップを重ねるよりもホールドの方が優れていると聞いたことがあります。一方で、正反対の主張を本で読んだこともある。どちらが正しい？

　レップを数えるプッシュアップやプルアップ。アイソメトリックホールドであるプランクやL-シット。その両者ともすばらしい鍛え方だと思う。両者はうまく補完し合うので、どちらか一方をやるより、両方やる方が理想とする体に近づいていくはずだ。

——友人よりうまくできるエクササイズがあるのに、友人の方がうまくできるエクササイズがある。それはなぜ？

生まれつき、特定の分野で他人よりも適性を持ち合わせていない場合があるものだ。でも、一貫してトレーニングしていればだれもがより良くなっていく。友達がプルアップで君より優れているなら、より多くの時間をプルアップに費やせば、同じところに君も行ける。ハンドスタンドのホールドに苦労しているなら、ハンドスタンドに時間を費やせばいい。ワークすべきエクササイズに時間を費やす。そうすれば、どんなエクササイズであっても向上していくよ。

──ワークアウト中、グローブを着けますか？

タコをつくりたくないなら、ストリートワークアウトには向いていない。ダニーや私がグローブを着けるのは、それが必要なときだけ。バーに雪が積もっていたら、例外が適用されるということだね。

──雨や雪が降っていたり、寒かったりしても屋外でトレーニングしますか？ そのとき、何か変更を加えますか？

私は屋外でトレーニングすることが好きだ。しかし、温かくて乾いた環境を優先させるので、そうでない日は、家でトレーニングする。寒い中でエクササイズすることにも利点がある。十分に重ね着して動き続ければ、寒さが気にならなくなっていくし、おまけに気分をよくしてくれる！

寒い日にトレーニングするときは、レップを稼げるエクササイズをメインにする。あまり休まなくてもよくなるので、体が冷えないからね。上半身用エクササイズと下半身用エクササイズを交互にやるサーキットトレーニングもいい。この2つのやり方を使って動き続け、体を温かく保つ。プランクやL-シットのようなアイソメトリックホールドも体熱の生成を助けるエクササイズになる。寒い日には数層重ね着してトレーニングを始め、温かくなるにつれて、服を脱いでいくやり方をお勧めしたい。一方で、関節可動性が求められる動作、他のエクササイズと比べて単一の関節が強調される動作（バック・ブリッジやワンアーム・プルアップなど）をやるときは、温かい環境を選んだ方がいい。

──エレベーテッド・ハンドスタンドやヒューマンフラッグのような動作を

やっているとき、ケガをしそうになったことはありますか？

「今、それをやらないように！」と本能が警告するときは、常にそれに従うようにしている。怖さをあまり感じずにできる似た動作を探して、最初はそっちをやってみる。それほどの脅威を感じることなく数回できたら、そこで得た勇気と共に最初の動作に戻る。このチャレンジ法は人生の他の領域にも応用できる。自信を得るための興味深いやり方だと思う。

──中程度の強度で高レップス数やるのと、高強度で少ないレップス数やるのとどちらがいいですか？

どちらも君を強くするし、筋成長を促す。しかし、筋力と筋成長のどちらかが少し強調されるのは確かだ。高強度でやる5レップス5セットが筋力を強くする、適度な強度でやる15〜20レップス3セットが筋成長を促すというのが従来の考え方だが、もっとも強くなり、もっとも筋肉を得る人たちは、そんな垣根をつくらずにトレーニングする。筋力と持久力がスペクトルの反対側にあるという考え方は、キャリステニクスには必ずしも当てはまらない。請け合ってもいいけど、ワンアーム・プルアップとヒューマンフラッグができる人は、1セット20レップスのプルアップができる。つまり、どんなタイプのプログラムを使うとしても、ハードにトレーニングし、ワークアウトを一貫してやっていく限り、それほど重要な話ではなくなるということだ。

──毎日トレーニングしても大丈夫ですか？

もちろん。毎日、気を失うほどやらない限りだが。疲れ果てるまでやるのではなく、スプリットトレーニングを採用して、特定の日に特定の領域をトレーニングするか、体が活気づく程度の全身トレーニングを短時間でやることがベストの方法になる。

筋肉には、筋力トレーニングのセッション間で回復する時間が必要になる。そのため、トレーニングの翌日に痛みを感じる場合は、1日休みを入れた方がいい。休みを入れたくない場合は"アクティブリカバリー"する。これは、筋力トレーニングをやらない日にも、何らかのかたちの身体活動を行うことを指す。ジョギング、水泳、ハイキング、サイクリングといった低〜中レベルの身体活動を選べばいい。

頭を使ってワークせよ

――より難しいプログレッションに移る準備ができているか、どうやって知
　　ることができますか？

　より高度なエクササイズに進む前に、その高度なエクササイズの基本にな
る、今トライしているプログレッションに精通する。それが原則だ。このマ
ニュアルは、プログレッションを通して、各章の終わりに向かってより難し
い動作にガイドしていく構成になっている。トレーニングを開始してからの
運命をコントロールするのは君しかいない。どれだけハードにワークするか
が、進歩を左右するもっとも大きな要素になる。時間をかけてプロセスを楽
しんでほしい。

――ピストル・スクワット、マッスルアップ、ヒューマンフラッグができる
　　ようになるまでに、どれくらいの時間がかかりますか？

　多くの個人的要因によって決まるので、すべての人に当てはまるタイムラ
インを示すことは難しい。一般的なルールになるが、高度な動作を試みる前
に、基礎をしっかり固めることが大切だ。筋力トレーニング入門者なら、プ
ッシュアップ、プルアップ、ディップ、スクワット、ランジなどを少なくと

も6か月間やって準備する。もっと長い時間をかけて基礎固めした方がいい人も多い。時間をかけることだ。ストリートワークアウトの世界に特急列車は走っていないからね。

——空手（レスリング、フットボールなど）をやっています。今やっている格闘技（スポーツ）で利益を得るには、どのエクササイズをやるべきですか？

　キックする、投げるといった特有のスキルが重要視される分野でなければ、基本的な筋力を高めることが上達をもたらす。それには、プッシュアップ、プルアップ、スクワットなどの基本的な筋力トレーニングをやることだね。

　エルボーレバーといったスキル動作をマスターしても、今やっているスポーツの能力が魔法のように向上することはない。一方、基本的な筋力が高まれば、エルボーレバーを含んだすべての分野での上達が見込める。

——胸の上部や下部、上腕二頭筋、ふくらはぎ、といった特定部位を開発するにはどうしたらいいですか？

　特定部位の開発が後れを取っていると感じたら、その領域を対象にしたエクササイズを追加したり、セット数やレップス数を追加したりすることで、その部位をターゲットにする。たとえば、胸が後れていると感じたらプッシュアップを増やせばいいし、上腕二頭筋をターゲットにしたいならチンアップを追加する。

　遺伝子が、私たちの身体的外見に大きな影響を及ぼすことも忘れないでほしい。筋力トレーニングを通じて筋肉サイズを大きくすることは可能だが、筋肉の形状はそれほど変わることがない。上腕二頭筋に自然な頂がある人もいれば、そうでない人もいる。歪んだ腹筋を持つ人もいれば、箱型の腹筋を持つ人もいる。同じ量のトレーニングをしているのに、胸の一部だけが他の人よりも発達する人もいる。それは、茶色の目をしている人がいる一方で、青い目をしている人がいるようなものだ。持ち合わせているものでベストを尽くし、不完全な部分に執着しないようにしてほしい。継続してトレーニングしていれば、今どこにいるかにかかわらず、身体能力の方は改善したり拡

張したりすることができるのだから。

——肩（膝、手首）にケガがあり、プッシュアップ（プルアップ、スクワット、ディップなど）をやると痛む。どうしたらいい？
　ケガはそれぞれがユニークなものなので、万能のリハビリプログラムをつくることはできない。傷を治しながらトレーニングしたい人に言えることは、まずは、状況を悪化させる動作を避けることだ。

　とはいえ、痛みにつながらないものであれば何をやってもいい。上半身を少ししか動かせない場合は、集中的に脚をトレーニングする。足首を傷めていたら、プルアップをやる。歩くことしかできないなら、歩く。ナックルを使ってしかプッシュアップできないなら、そうする。状況にかかわらずやれる生産的な動作が何かあるはずだ。

——友人（トレーナー、インターネット上の誰か）が、ピストル・スクワットは膝に悪い（ブリッジは背中に悪い、マッスルアップは肩に悪い）と言います。それは本当？
　間違ったやり方が弊害をもたらすことはある。500ポンドのデッドリフトは君にとって有害か？　その重量を扱える筋力があればそんなことはない。でも、君のおばあちゃんがそれにトライしたら、背骨を折ることになる。高度なキャリステニクスにも同じことが当てはまる。やりすぎたり、早く進みすぎたりすると問題が起こりやすくなるだろう。不適切な技術が事故につながることもある。しかし、少しずつ進むかたちで高度な動作に至るやり方なら、リスクが生じる可能性はほとんどないよ。それがプログレッションがもつ利点の一つだね。

　どんなエクササイズを選んだとしても、インターネット上のどこかで、そのエクササイズが害を及ぼすと警告する記事を見つけることができる。フィットネス世界はそんなところだ。この世界には、恐怖を煽る輩がたくさんいる。最終的には、各々が常識を用いて各々で判断するものだが、自信を持ってキャリステニクスを続けてもらうために私たちのようなトレーナーがいる。

――プッシュアップ（プルアップ、ブリッジなど）をやると痛い。続けるべきだろうか？

　いったんお休みにした方がいいね。痛みは、君が今やっている動作が害に結びつくかもしれないという体からのシグナルだ。ただし、鍛えた後の筋肉（または、肺）の灼熱感は痛みとは違うものだ。

　実際に痛みがある場合（灼熱感との違いを見分けるのは難しくない）、正しくエクササイズをやっていないか、能力以上のエクササイズをやろうとしているか、ケガや病気が隠れていることが多い。状況に応じて対処してほしい。解決策が見つからないときは、医療専門家に助けを求めるしかない。

――本全体を読みましたが、エクササイズがたくさんあります。何から手をつけていいかわかりません。

　今、できることから始めてほしい。望む体をつくるツールを提供するため、私たちはベストを尽くした。行動するのは君だ。本書で説明したプログラミングをガイドにしてスタートし、そこに君なりの修正を加えていく。あれこれ悩むよりも、まずは、トレーニングを定期化することに焦点を当てる。そして、正直になる。トレーニングしていないのに、やった気にならないことだ。結局、蒔いた種を刈り取ることになるからね。

――すぐにトレーニングを始めたいのですが、先に体重を落とした方がいいような気がします。

　トレーニングを始めないための言い訳は、簡単に見つけることができる。真実は、どこからスタートするかにはなく、単にスタートすることだけ。そうすれば、すべてが動き出すよ。

――トレーニングを始めるには年を取りすぎているように思えます。

　同じ言葉で20歳くらいの人から言い訳された体験があるよ。一方で、リタイア後かなり経ってからトレーニングを始めて、見事な体をつくった人も知っている。始めるのに遅すぎることはなく、始めるのに適している時期は今しかない。やる。それだけだ。

CHAPTER 16
Danny's Dos and Don'ts
ダニーの すべきこと／すべきではないこと

1 DO WORK HARD.
ハードなトレーニングを

歯を食いしばっていないとしたら、それは、トレーニングではない。求めているものも得られない。真っ当にトレーニングしていれば、汗、筋肉の痛み、加速する心拍数という副産物がもたらされる。懸命にやらなければ結果に結びつかないのは、フィットネスにおいても同じであり、この世界は、努力なしでは夢が実現しないようにできている。"簡単で証明された方法"だと謳うフィットネス器具にだまされないことだ。だれがなんと言おうと、健全な体は"得る"ものであり、価値あるものはそうしなければ手に入らない。

言い換えれば、挑戦することになる。中途半端にトライし、動作を味わうことではない。それは、努力、時間、膝に塗るグリースについての話になっていく。実際にはやっていないのに、"やっている"と自分を騙さないでほしい。

ご存知のように、いつだって才能よりも野心が勝る。どう生まれ落ちたとしても、どう育てられたとしても、気力とモチベーションがあればそれを超えていくことができる。時間を費やす。努力する。一貫性と義務感を持ち続けることがトレーニングを実り多いものにする。この世界はごくシンプルにできている。

2 DO SET REALISTIC GOALS.
現実的なゴールを設定する

ゴールには、長期的なゴールと短期的なゴールがある。現実的なスケジュ

ーリングを。マッスルアップができるようになる！　ゴールをそう設定した
として、今、プルアップが1レップもできないとしたら、もちろんマッスル
アップは長期的なゴールになる。

　プルアップが10レップスに届かないのに、2週間以内にマッスルアップ
をクリアするゴールを設定したら、未来に"失望"を設定したことになる。
この場合の現実的なスケジュールは、期限を区切らずに、週に4日、マッス
ルアップに向かって練習を続けることになる。

　現実的なゴールであっても、うまくいかないことがある。そこでも失望に
出会う。しかし、必ずしも悪いことではない。ゴールは有機的なものであり、
変化する。当初予期した生産高とその実際が違うことはどの世界においても
あり得る話であり、結果を拒むべきではない。たとえば、10キロの減量に着
手したとする。ライフスタイルを変え、食事を正し、定期的なトレーニング
を開始する。数週間後、気分がよくなり、以前より強くなり、服がフィット
するようになる。しかし、減量できたのは7キロだった……

　だから何？　よくやったと言えるよね。たどり着いたのは定めたゴールで
はなかったかもしれないが、追い求めたから、そこに行けたのだ。

　2週間以内にマッスルアップをクリアする例に話を戻そう。予定したその
スケジュール内では、たぶんできるようにはならない。しかし、プルアップ
のレップス数が10レップスから15レップスに増えていたら、マッスルアッ
プに至らなかったとしても、すばらしい進歩を遂げていることになる。

　ゴールを設定するだけで、そこに到達できるわけではない。ゴール設定と
は、目指す世界を定め、戦いに乗り出し、どこに行けるかを見ることだ。ゴ
ールを目指して前に進んでいる限り、進歩を続けることができる。

3 DO BELIEVE IN YOURSELF.
自分を信頼する

　時間軸を長く取って眺めると、人や組織、トレーニングプログラムが、失
望をもたらすことがある。ここまでのアルと私の指導が君を失望させている
としたら、謝りたい。しかし、私たちを見るだけではなく、"君"自身も見
てほしい。強制的に何かをさせる力を私たちは持ち合わせてはいない。その
パワーを持っているのは君だけ。だから、行動してほしい。言うのは簡単だ

が、行動するのはいつだって難しいものだ。

　とにかく行動する——若い頃、私は、このやり方を使って様々な怖れを克服してきた。グズグズするクセがあったら、私を真似てほしい。そして、フィットネスにも適用してほしい。自分を信頼して、一歩を踏み出すのだ。行動するパワーを持っているのは君だけだ。

4 DO PUT GOOD THINGS IN YOUR BODY.
体には、体が喜ぶものを入れる

　両親が私たちに言い聞かせていたことを、私たちが子供たちに言い聞かせているときがある。たとえば、「フルーツと野菜を食べなさい。体を引き締めて強くしてくれるし、重要な栄養素が詰まっている。それに、おいしいから」と。だれもが、工場で飼育された動物由来のタンパク質よりも、農場で飼育された動物由来のタンパク質の方が健康的で優れていることを知っている。魚はブレインフードになる。食物繊維は生命力を吸収するのを助ける。原料に近いほど良い。外食するより、食事を自分でつくる。たくさん水を飲み、砂糖を減らす。これらも、わかってはいるが、なかなかできないことだ。

　健康に関して言えば、現代医学は予防よりも治療に重点を置いている。言い換えれば、体が悪くなってから医者へ行き、手術したり、大量の薬を使ったりすることで、現代医学は、私たちの肥大した軟弱な体を過去より長く地上に保つことに成功している。サラダを毎日食べるよりも、大量の処方薬を服用したがる人さえいる。農場で飼育された豚よりも、肉に似せて人工的につくった奇妙な"フランケンシュタイン・フード"を好む人もいる。君が低温圧搾したジュースよりも、マルチビタミンと健康食品を好むとしたら、要点を見逃していることになる。

　純粋で混ぜ物がないものを体に入れていれば、病気を"治療する"のではなく"予防する"ことができる。また、原料から栄養素を直接摂っていれば、健康食品は必要なくなる。

　今から死ぬまでの間、始終、口に入れるものに気をつけているようにと言っているわけではない。できる限りでいいので、純粋で自然に近いものを食べるようにする。その努力はしてほしい。違いがすぐにわかるはずだ。

5 DO TREAT YOURSELF RIGHT.
自分に奮発する

ハードにトレーニングしている、そんな自分に報いることを忘れないでほしい。その報酬が、アイスクリームコーンやカクテル10杯である必要はないが（まあ、たまにはありかも……）、小旅行、トレーニング以外での未知の体験、ほんの少しの気分転換でもいい。費用はかかるが、人生を愛することをおろそかにしてはいけない。乗り心地よくいこうぜ。

6 DON'T BE AFRAID TO SEEK HELP WHEN NEEDED.
必要なときは、助けを求める

過小評価されていた"ビートル"リンゴ・スターは、1967年に「友達に少し助けてもらって何とかやっている」と歌ったものだ。私たちは、すべてを自分一人でやろうとするものだが、助けが必要になるときがある。

筋力トレーニングの世界には、自分が持つ体験や知恵を、学びを求めるトレーニーと分かち合いたがっているコーチ、インストラクター、トレーナー、教師がたくさんいる。助けを求めることは弱さの表れではない。自分の欠点を自覚し、より良く変化していくために誰かに助けてもらう。それが、強さに結びついていく。私も、友人や仲間によく意見を求める。助けてもらえることを幸運だと思うし、私もできる限りのことをする。失敗しても聞くことができるので、失敗を恐れなくなるという利点もある。成功はどちらかと言えば、お粗末な先生だ。結局、成功よりも、失敗からより多くを学べるからだ。すべての体験に意味があるということだ。

7 DON'T MAKE PHYSICAL FITNESS YOUR WHOLE LIFE.
フィットネスに人生を捧げない

トレーニングし、食事し、眠り、トレーニングについて話す。それがアルと私の人生のすべてだと勘違いされることが多い。トレーニングの優先順位が高いのは間違いないが、それがすべてではない。そこからはほど遠い。アルと私は、「毎日、終日、トレーニング」の世界に住んではいない。

私は料理するのが好きだ。文章を書く。絵を描く。音楽を演奏する。そして、ビーチに行く。トレーニングだけが私の人生を価値あるものにしているわけではない。ギャング映画、リブアイ・ステーキ、詩と散文、タトゥー、ロックンロール、シンプソンズ、夏のバーベキュー……。私の人生に意味を与えてくれるものがたくさんある。

プルアップバー以外の何かに喜びを感じると、フィットネスへの情熱が台無しになると考えている人がいる。そんなバカな！ 人生は可能性に満ちた美しい旅だ。競技会に出るアスリートでない限り（私は違う）、トレーニングは人生を乗っとるものではなく、人生を高めるものだ。ラジオから流れてくる曲、壁にかかっているアート作品……。喜びはさまざまなところからくる。それらを犠牲にする必要はない。

8 DON'T FOLLOW THE LATEST TRENDS.
最新トレンドを追いかけない

フィットネスの世界には、たくさんの選択肢が存在する。新発見や科学的実験を基にした製品やシステムが次々とリリースされ、その正当性を裏付ける「専門家」の証言はどれもしっかりしているように見える。実は、そもそもワークアウトをやったことがない人が設計した製品やシステムが多いのだが。

先週発表された製品やシステムがもっとも優れている。そう勘違いしないように。もっとも優れているのは、時間というテストに耐え続けたものだ。自重力を使う筋力トレーニングは、市場に出回っているどの"革新的な"製品よりも古くから存在している。さらに言えば、バーベル、サンドバッグ、ケトルベルといった、（効果がある）歴史的なメソッドと比べても、はるか昔からあるものだ。

基本的な動作パターンを用い、漸進的に負荷を増やしていくだけで常に結果がついてくる。キャリステニクスが持っているこの特徴は、インフォマーシャルがなくても広まっていくインパクトを持っている。

9 DON'T EXPECT CHANGE TO HAPPEN OVERNIGHT.
一晩での変化を期待しない

今40歳で、高校生のとき以来、プッシュアップをしたことがなかったら、今日50レップスできるとは思わないように。余分な脂肪を20年かけてつけたとしたら、すぐになくなるとは思わないように。エルボーレバーを一度もやったことがなかったら、初めてトライしてうまくいく確率は限りなく低い。変化はインスタントには起こらない。変化は目の前にあるワークを努力してやらない限り起こらない。そこに集中し、一貫性を持ってハードにトレーニングすれば、時間の経過とともに結果がついてくる。とはいえ、トレーニング以外にも、仕事、趣味、その他もろもろ、時間をかけてやることがたくさんあるだろう。それは悪いことではなく、時間が持つ価値を思い出させてくれるものになる。トレーニングに熱中すると、この世でもっとも忙しい人種の一人になる。誰もが、工夫しながら時間をやりくりしている。あなたにもできるはずだ。

10 DON'T BELIEVE EVERYTHING YOU READ.
読んだことのすべてを信じない

私たちが子供の頃は、一般社会に向かって情報を公開するには、科学的方法に従って仮説を立て、研究や調査を行い、発見し、それをまとめるだけでなく、公表するための資金を調達しなければならなかった。今は、感じがいいウェブサイトをつくって、ビューを稼ぐことができれば誰もがオーソリティになれる時代になっている。しかし、ウェブサイトがどれだけ魅力的でも、そのコンテンツや著者の正当性を保証するものにはならない。フィットネスに関して言えば、実際に機能するかどうかにしか真実はない。自分で試し、常識を用いて自分で判断するしかない。読んだものをそのまま信じてはいけない。それは私が書いたものを含めての話だ。君にとってやる意味があり、役に立つかどうかにしか正当性を測る術はない。

CHAPTER **17**
Building A Backyard Pull-up Bar
裏庭にプルアップバーを立てる

ホームジムをつくる方法はたくさんある。私たちも、バーベル、ダンベル、ベンチ、メディシンボール、ドアフレームタイプのプルアップバーを買ったことがある。若い頃は、さまざまな器具を購入し、一方で捨ててきた。フィットネスの旅が進むにつれ、ゴールは変わる。そこに必要なものがあった。

言うまでもなくワークアウトは体を刺激するが、それは心も刺激する。ワークアウトは、何もないところから創造力を使って何かをつくり出す魂にふさわしい行為だ。いつでもトレーニングできるよう、裏庭にプルアップバーがほしい。2010年にその思いが高まったとき、心と体が動き出した！

WHY A BACKYARD PULL-UP BAR?
なぜ、裏庭にプルアップバーが必要か？

実用性に尽きる。ドアフレームにつけるタイプやスタンドアップタイプ（パワータワー）は私たちのニーズを満たすものではなかった。数百ポンドになるはずの爆発的な牽引力に耐えるだけでなく、複数人が同時にぶら下がったときの体重に耐える頑丈さが必要だった。

私たちのトレーニングスタイルから考えると、プルアップバーを立てることが賢明な解決策と言えた。機能的な意味で、それに代わるものはなかった。

PROGRAM DESIGN
プルアップバーのデザイン

地中深く掘った穴に２本の垂直支柱を立て、そこに水平バーを渡したプルアップバーを設置することに決めた。欲しかったのはビクともしない頑丈さ

だった。そこで、十分な高さと安定性が得られることを期待して、12フィートの支柱2本を地上7½フィート、地下4½フィートの割合で立てることにした。レイアウトは単純だったが、決めることがたくさんあった。

木製の支柱 VS. 金属製の支柱

　木製の支柱にするとしたら、2×4材ではなく6×6材以上にする。そして、必ず"処理された"木材を使うようにする（ザ・ホーム・デポで買うなら緑色がかった木材になる）。屋外で長持ちさせるには、ある程度、コストをかけた方がいい。また、その木材にバーを取り付けるには円形の金属フランジが必要になる。フランジは、形状に応じて8〜25ドルする。木材の利点は、費用対効果が高く、視覚的に魅力的なことだが、私たちはヒューマンフラッグやクラッチレバーも練習するつもりだった。つまり、より頑丈な金属製の支柱の方が適していた。

　配管工が使っている亜鉛メッキした2インチパイプは、1フィート当たりおよそ7ドルで手に入る。ただし、8フィート以上のものは、ザ・ホーム・デポやロウズ（住宅リフォーム・生活家電チェーン）のような大型店であっても置いていない。12フィートの支柱をつくるには、20フィートパイプ2本をサプライヤーから直に購入し、各パイプを切断し（別料金がかかる）、90度フィッティング（だいたい8〜25ドル）を用いて2本の支柱に水平バーを取り付けることになる。

　私たちはもっと楽にやろうと思い、180ドルで初期設計を請け負ってくれる

地元の業者に頼むことにした。12フィートの鉄製ポスト2本のそれぞれのてっぺんに4フィートのバーを溶接する構造にした。また、鉄製ポストの底から½フィートのところに、別の4フィートバーを溶接して渡してもら

った——安定性をよくするためだ。下部に渡したこのバーは地中に埋めることになる。

　基礎部分に使うコンクリート量も安定性を左右する。この試みに着手する前に参照した記事とブログのほとんどが、十分な量のセメントを使わなかったことを後悔していた。そのため、2,000ポンドのセメントを使うことで、その後悔を回避することにした。破壊しようとするかのようにバーを酷使することになるのは間違いなかった。

THE BAR ITSELF
バーについて

　標準的なプルアップバーは、通常、直径が½〜1½インチで、長さが2〜3フィートだ。自分たちの力を極限まで引き出しても耐えられるよう、私たちのバーは、直径2インチ、長さ4フィートに決めた。2インチにすれば、グリップ的にもタフなワークアウトになり、グリップ力を高めることもできる。

　未加工の金属バーは両端が開いているので、内側からさびないよう密封する必要がある。私たちは、露出したバーの端の内側をセメントで満たし、その上から塗装したが、代わりにナイロンやゴム製のストッパーで塞いでもいいだろう。

ADDITIONAL CONSIDERATIONS
追加事項

　支柱とバーの他に次のものが必要になる。

- 穴掘り機
- シャベル
- セメント（私たちは80ポンド袋を25袋使った）
- セメントを混ぜるところ（手押し車は必要ない。私たちは15ドルで巨大なプ

ランターを入手した。のちに、それはハーブを育てるプランターになった)

- レベラー(平らにならす道具)
- 2×4材6本と必要量のネジ(プルアップバーを支えるフレームをつくるための材料)
- 金属製の支柱ならオイルベースのエナメル、木製の支柱ならラッカー

BUILDING YOUR BAR
バーを立てる

　プルアップバーをつくる作業にどれだけのスペースが必要になるか、きっと驚くことになる。広さがあって動きやすい場所で作業してほしい。バーの長さを4フィートにしたので、4フィート離して、底が12インチ、地表で18インチの直径がある穴を2つ掘った。支柱の底近くに業者に接合してもらったサポートバーがくるので、2本の支柱間にそれを埋める横溝も掘った(セメントを流し込めば、そのサポートバーはセメントで覆われる)。穴掘り機を使っても、深さ4½フィートの穴を掘るのは大変な作業になる。いいワークアウトになるだろう。

　支柱は歪みなく完璧に直立させる必要がある。また、(私たちの作品のように)支柱をつなげるサポートバーを渡す場合、それを水平にする。コンクリートが固まるまで、その構造を維持しなければならない。そこで、コンクリートを入れる前に、2×4材の木製フレームで構造物の周りを固定し、確実にそうなるようにした。うまく囲えるまで、試行錯誤することになるだろう。時間をかけて慎重に。水平にならないと使い物にならないからだ。

　バーが水平で支柱が直立した構造を維持できるよう、木製フレームによって適切に囲われているのを確認した後、穴にコンクリートを流し込む。コンクリートが乾いたところで木製フレームを外す。夢のホームジムの完成だ。

　できた! と思った……

A NEW LIFE
新生活

　深さ4½フィートの穴を掘り、(文字通り)1トンのセメントで固めたの

314

に、爆発的なマッスルアップをやると、この裏庭のプルアップバーは、少しだがふらふらした。改良することになり、バーに“斜め”のサポートを加えることにした。“垂直”と“水平”だけでは不十分だったのだ。

先につくったプルアップバーより少し短い支柱／水平バーを使って、2番目のプルアップバーを組み立て、最初の構造物の4フィート後ろに配置することにした。こっちの支柱の長さは10フィートにした。それを4フィート弱の深さに埋めた。2番目の構造物は、地と平行で、最初の構造物とも平行に位置させる必要がある。そうなっていることを確かめた後、2つの構造物を固定するために、7フィートのクロスビーム4本（1本約10ドルで購入）を、足場クランプを使って斜めに取り付けた。バーが地に対して水平であることを確認し、穴をコンクリートで埋めた。

コンクリートが乾燥すると、モヤモヤが解消……かわい子ちゃんが、ふらふらしなくなったのだ！

新しいデザインにしたことで、プルアップにとどまらず、マッスルアップ、ヒューマンフラッグが快適にできるようになった！ 2番目のバーを使うと、オージープルアップ、ディップ、多様なグリップワークにも対応する。最初のプランとは異なるものになったが、裏庭のプルアップバーは、私たちの期待を超えるものになった。

物事は必ずしもプラン通りには進まない。ゴールを設定しても、予想とは異なる結果が待っていることがある。しかし、前進し、変化と一緒に転がっていくと、予期せぬ幸運に出会うこともある。そういった出来事が人生を楽しいものにしてくれる——では、プルアップに励むとするか。

CHAPTER 18

Taking It To The Streets
ワークアウトをストリートへ持ち込む

　ストリートワークアウトをやるときは、世界があなたのジムになる。創造的になること、異なる環境でワークすることを恐れるな。以下は、今いる環境を使ってエクササイズするためのサンプル例だ。どこにいようと、そこで、できることを見つけてほしい。

足場を使って——プルアップ、マッスルアップ、フロントレバー、バックレバー、エルボーレバー、ハンギング・レッグレイズ、スキニング・ザ・キャット etc.

標識を使って──ヒューマンフラッグ、クラッチフラッグ、
クラッチレバー、ショルダーフラッグ etc.

ストリートに
ワークを持ち込め！

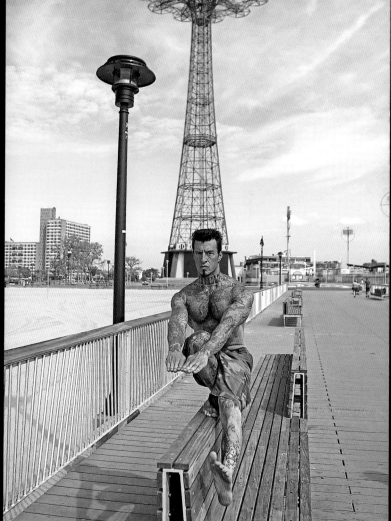

ベンチを使って
ベンチ・ピストル、エ
レベーテッド・ピスト
ル、エルボーレバー、
L-シット、フィートエレ
ベーテッド・プッシュ
アップ etc.

信号機を使って──プルアップ、フロントレバー、バックレバー、
ハンギング・ニーレイズ、ハンギング・レッグレイズ etc.

木を使って──プルアップ、ハンギング・レッグレイズ、ヒューマンフラッグ etc.

バイクラックを使って──オージー・プルアップ、エルボーレバー、L-シット etc.

REMEMBER WHERE YOU CAME FROM

どこから来たかを忘れるな

　トレーナーになるずっと前、私たちは、ニューヨークにある LiVE bAitという名の小さなレストランで働いていた。ハマグリの殻を剥き、自転車に乗って食べ物を配達する仕事をしていた。刺激もなく楽しくもない仕事だった。タクシーにぶつけられ、顧客にガミガミ言われ、いつも貝の臭いをさせながら家に帰った。しかし、今いるような場所を手に入れようと、そこで一生懸命働いた。今ではそのときの経験にとても感謝している。だれかがカバドロという名前を知る前から、私たちはハッスルガイを通してきたのだ！

　私たちは、この初期の仕事に貢物──ストリートワークスタイル──を捧げている。その後の私たちの成長につながる真っ当な労働観を叩き込んでくれたからだ。オーバーナイトサクセスなどない。ハードワークなくして価値あるものがもたらされることもない。

[名前]
アル・カバドロ

[生年月日]
1979年9月1日

[身長]
5フィート11インチ

[体重]
160ポンド

[得意動作]
マッスルアップ

[キャッチフレーズ]
**「ヘイ、ヘイ、ヘイ！
ワークアウトしてるぜ！」**

[名前]
ダニー・カバドロ

[生年月日]
1974年8月9日

[身長]
6フィート

[体重]
180ポンド

[得意動作]
ヒューマンフラッグ

[キャッチフレーズ]
「夢を生かし続けろ！」

謝 辞

妻のグレースと2頭の犬、ウィーザーとパフィーに感謝します（アル）。

ウィルソン・キャッシュ・カバドロ、マイク・アンダーソン、アニー・ヴォに感謝します（ダニー）。

ロザリー＆カール・カバドロ、ジョン・デュ・ケイン、ポール・"コーチ"・ウェイド、デレク・ブリガムに特別な感謝を（アル＆ダニー）。

著者について

　アルとダニーのカバドロ兄弟は、キャリステニクスとパーソナルトレーニングの世界をリードするオーソリティだ。 カバドロ兄弟は、国際的に高く評価されてベストセラーになったフィットネスブックをいくつか執筆している。彼らは、The New York Times や Men's Health をはじめとする多数の出版物に登場し、Bodybuilding.com と TRAIN マガジンに定期的に寄稿している。Dragon Door の Progressive Calisthenics Certification のマスターインストラクターとして、世界中を旅しながら、アスリート、プロのトレーナー、フィットネス愛好家に自重力を使った筋力トレーニングを教えている。

山田雅久　やまだ・まさひさ

翻訳家。主な著書に『脳を老化させない食べ物』(主婦と生活社)、訳書に『プリズナートレーニング』『プリズナートレーニング　超絶!! グリップ＆関節編』『プリズナートレーニング外伝 監獄式ボディビルディング』『プリズナートレーニング 実戦!!! スピード＆瞬発力編』『脳を最適化する ブレインフィットネス完全ガイド』(以上CCCメディアハウス)、『なぜ人は犬と恋におちるのか』(洋泉社) などがある。趣味は筋トレで、「プリズナートレーニング」や本書のエクササイズを実践中。

PHOTO CREDITS: Michael Alago, Martijn Bos, Mary Carol Fitzgerald, Neil Gavin, Adrienne Harvey, David Holbrook, Al Kavadlo, Danny Kavadlo, Grace Kavadlo, Wilson Cash Kavadlo, Kenny Lombardi, Rachel Phillips, Michael Polito & Annie Vo

カバーイラスト　　イワイヨリヨシ
ブックデザイン　　轡田昭彦＋坪井朋子
校正　　　　　　　円水社

STREET WORKOUT

Copyright © 2016 Al Kavadlo & Danny Kavadlo

Published by Dragon Door Publications

Little Canada, MN 55117, USA

www.dragondoor.com

Japanese translation published by arrangement with Dragon Door Publications, Inc.

through The English Agency (Japan) Ltd.

ストリートワークアウト
圧倒的なパフォーマンスで魅せる究極のエクササイズ200

2020年7月26日　初版発行

著　　　者　アル・カバドロ／ダニー・カバドロ

訳　　　者　山田雅久

発　行　者　小林圭太

発　行　所　株式会社CCCメディアハウス
　　　　　　〒141-8205 東京都品川区上大崎3丁目1番1号
　　　　　　☎03-5436-5721（販売）　☎03-5436-5735（編集）
　　　　　　http://books.cccmh.co.jp

印刷・製本　豊国印刷株式会社

©Masahisa Yamada, 2020　Printed in Japan
ISBN978-4-484-20105-4